系列教材

电子商务文案写作

慕课版

FINANCE AND TRADE

黄红波 丁莎

主编

**陆达毅 杨爱华
黎星宏**

副主编

人民邮电出版社

北京

图书在版编目（CIP）数据

电子商务文案写作：慕课版 / 黄红波，丁莎主编
. -- 北京：人民邮电出版社，2022.5
中等职业教育改革创新系列教材
ISBN 978-7-115-58976-7

Ⅰ．①电… Ⅱ．①黄… ②丁… Ⅲ．①电子商务—应
用文—写作—中等专业学校—教材 Ⅳ．①F713.36

中国版本图书馆CIP数据核字(2022)第047739号

内 容 提 要

本书以电子商务文案写作为主题，系统地介绍了电子商务文案的创作思路和写作方法，包括电子
商务文案的基础知识、文案的写作准备、文案的策划与构思、文案标题与正文撰写，以及店铺推广文
案、品牌推广文案、微信文案、短视频与直播文案、今日头条文案的写作。本书知识全面、案例丰富，
配有精心设计的同步实训，可提高学生电子商务文案的写作水平。

本书可作为中等职业学校电子商务及其他相关专业的教材，也可供有志于学习电子商务文案写作
的人士学习、参考。

◆ 主　　编　黄红波　丁　莎
　　副 主 编　陆达毅　杨爱华　黎星宏
　　责任编辑　侯潇雨
　　责任印制　王　郁　彭志环
◆ 人民邮电出版社出版发行　　北京市丰台区成寿寺路 11 号
　　邮编　100164　电子邮件　315@ptpress.com.cn
　　网址　https://www.ptpress.com.cn
　　北京天宇星印刷厂印刷
◆ 开本：787×1092　1/16
　　印张：12.75　　　　　　　　　2022 年 5 月第 1 版
　　字数：222 千字　　　　　2024 年 12 月北京第 8 次印刷

定价：39.80 元

读者服务热线：(010)81055256　印装质量热线：(010)81055316
反盗版热线：(010)81055315
广告经营许可证：京东市监广登字 20170147 号

PREFACE

前　言

党的二十大报告指出："加快发展数字经济，促进数字经济和实体经济深度融合，打造具有国际竞争力的数字产业集群。"表明未来经济中数字经济、电子商务、网络经济、新媒体等新业态的重要地位和作用。

为进一步服务中职教育电子商务专业的人才培养，我们从中职学生未来就业岗位的各项技能要求出发编写了本书。本书全面贯彻党的二十大精神，将二十大精神与实际工作结合起来，立足岗位需求，以社会主义核心价值观为引领，传承中华优秀传统文化，注重立德树人，培养读者自信自强、守正创新、踔厉奋发、勇毅前行的精神，强化读者的社会责任意识和奉献意识，从而全面提高人才自主培养质量，着力造就拔尖创新人才。本书采用理论、实训相结合的形式，介绍了电子商务文案写作的相关知识，为中职学生未来成为电子商务文案写作人才提供理论知识与实训技能指导。本书具有以下特点。

1. 内容全面，结构清晰

本书从电子商务文案的基础知识出发，按照文案写作的基本思路，先讲解电子商务文案的写作准备、文案的策划与构思、标题的撰写、正文的撰写等内容；再循序渐进，讲解店铺推广文案、品牌推广文案、微信文案、短视频与直播文案、今日头条文案等不同文案的写作方法。本书从写作基础逐渐延伸至具体的文案写作运用，层层深入，帮助学生了解电子商务文案岗位的工作职责，提高学生策划与写作电子商务文案的能力，为未来成为一名合格的文案工作者做好准备。

2. 情境带入，生动有趣

本书以职场实际工作情境展开，以电子商务文案工作人员在工作中面临的写作任务为例引入各项目的教学，并贯穿项目实施的讲解，让学生了解相关知识点在实际工作中的应用。情境中设置的角色如下。

小艾——北京特讯商务运营有限公司企划部新进人员。

李洪亮——企划部经理，人称"老李"，小艾的直属上司及职场引路人。

3. 图示直观，易于阅读

电子商务文案课程包含大量的理论知识，为了匹配中职学生的学习难度，激发学生的学习兴趣，我们对这些知识做了图示化的处理，并通过图片展示真实的案例场景和效果，使学生阅读起来更轻松明了。

4. 同步实训，操作明确

本书每个项目都安排了同步实训，全书同步实训以同一公司作为实训背景，让学生可以学习并练习具体的技能操作，并循序渐近掌握系统的实践能力，提升职业素养。此外，本书设置了"动手做"小栏目，让学生在学习理论知识的过程中可以动手实践，在实践中加深对电子商务文案知识的理解和运用。

5. 配套资源丰富

扫描右侧二维码可以观看精美慕课视频。本书提供PPT、课程标准、电子教案、题库等教学资源，用书教师可通过人邮教育社区网站（www. ryjiaoyu.com）免费下载。学生还可以扫描知识点旁的二维码查看相关拓展知识和微课视频。

慕课视频

本书由广西梧州商贸学校黄红波、武汉市财政学校丁莎任主编，由陆达毅、杨爱华、黎星宏任副主编。梁朝辉、陈煜、陈世辉、黄仲钊、胡安莉、黄红、易汇、欧燕萍、聂秋霞参与编写。由于编者水平有限，书中难免存在不足之处，欢迎广大读者批评指正。

编者

2023年5月

CONTENTS 目 录

项目一

走进电子商务
文案的世界

情境创设

　　小艾是北京特讯商务运营有限公司（简称"特讯运营"）企划部的新进人员。该部门最近急需电子商务文案人员，因此希望小艾在接受简单的培训之后能尽快胜任部门的文案写作工作。要想写好文案，小艾需要对电子商务文案有足够的认识，因此企划部经理——李洪亮（人称"老李"）准备协助小艾了解电子商务文案。

　　老李："了解电子商务文案的基础知识是写好电子商务文案的前提。要写作电子商务文案，首先应该知道什么是电子商务文案。"

　　小艾："我知道电子商务文案，例如，微信公众号文章、微博等。"

　　老李："是的，你可以先了解一下电子商务文案的含义与作用，让自己更好地理解什么是电子商务文案，然后再了解电子商务文案的分类和写作要求，这样才能写出更有针对性的文案。"

学习目标

 知识目标

1. 了解电子商务文案的含义。
2. 了解电子商务文案的作用。
3. 熟悉电子商务文案的不同分类。
4. 掌握电子商务文案的写作要点。

技能目标

1. 能够正确判断电子商务文案的类型。
2. 能够写作符合要求的电子商务文案。

素质目标

1. 文案策划人员需要具备一定的文字功底，以及具有文字逻辑表达能力。
2. 与时俱进，培养文案写作兴趣。

任务一　了解电子商务文案的含义与作用

任务描述

小艾以前通过手机看文章和广告，对电子商务文案有一定的了解，但苦于没有实践。现在，小艾将在老李的指导下重新认识电子商务文案的含义及其作用。

任务实施

活动1　了解电子商务文案的含义

通过网络搜索和查阅书籍，小艾发现电子商务文案可以从"电子商务"和"文案"两个角度来解读。

1. 了解电子商务

电子商务是基于互联网的发展而形成的一种商务模式。商务指一切与买卖产品和服务相关的商业事务。而电子商务，一般被理解为以商务活动为主体，以计算机网络为基础，以电子化方式为手段，在法律许可范围内所进行的商务活动交易过程，包括网络营销、网络广告、网上谈判、网上采购、网上支付等。

> ☺ **专家点拨**
>
> 　　电子商务是以电子形式进行的商务活动。它在供应商、消费者、政府机构和其他业务伙伴之间通过电子方式，如电子函件、报文、互联网技术、智能卡、电子资金转账、电子数据交换和数据自动采集技术等，实现非结构化或结构化的商务信息的共享，以管理和执行商业、行政和消费活动中的交易。

2. 了解文案

　　文案的概念经历了从古至今的演化，如图1-1所示。从当前社会来看，文案是当今主流的宣传手段之一，当其作为一种表达形式出现时，多为广告、宣传语、文章、视频等内容，被广泛应用于企业宣传、新闻策划等领域。

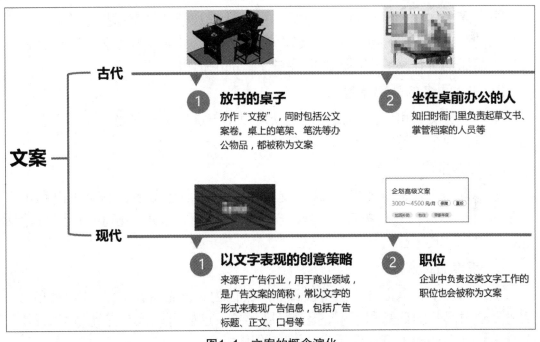

图1-1　文案的概念演化

3. 得出电子商务文案的概念

　　电子商务文案是电子商务和文案的结合，是服务于电子商务的广告。综合上述内容可以得知，电子商务文案是基于电子商务活动和互联网平台，与产品或品牌相结合的，以图片、文字、视频等为元素，以吸引受众为目的而存在的一种商业文体。

拓展阅读

电子商务文案与
传统文案的区别

素质提升小课堂

随着我国电子商务行业的蓬勃发展，诞生了一系列以电子商务文案写作为主要工作内容的职位，如新媒体编辑、网站编辑、文案策划等。同时市场上也出现了许多以盘点优秀文案为主的新媒体账号和网站等，如数英网、梅花网。创作者应多了解和利用这些文案来源渠道，及时关注电子商务文案的最新动态。

活动2　了解电子商务文案的作用

老李告诉小艾，只有充分发挥作用的电子商务文案才具有价值。而要写出真正有价值的文案，小艾还需要了解电子商务文案的作用。

1. 增强受众的信任

电子商务文案大多具有销售性质，需要让受众信任文案所描述的产品并产生购买的欲望。这使得电子商务文案成为增强受众与商家之间信任感的桥梁，发挥了增加受众好感的作用，同时促进了产品的销售。

2. 引入更多的外部流量

电子商务文案可以添加链接，受众可以单击这些链接了解更多的企业或产品的信息，为企业带来更多的外部流量。

3. 宣传推广

电子商务文案基于微信、微博及其他网站等平台发展，商家可以利用这些平台对文案进行宣传推广，实现与受众的沟通和互动，还可以形成讨论话题，促进二次传播。

4. 积累品牌资产

优秀的文案可以提升产品价值和品牌公信力，彰显品牌文化、精神和意义，增进受众对品牌的认知和了解，提升品牌形象。这样可以逐渐提高品牌知名度、美誉度、社会公信力等，促进品牌资产的积累。

知识窗

品牌资产是一种无形资产，它是品牌知名度（品牌为受众知晓的程度）、品牌认知度（受众对品牌品质的整体印象）、品牌联想度（通过品牌产生的所有联想）、品牌忠诚度（受众购买时对品牌的偏向程度）、品牌其他资产（商标、专利等）几大要素的集合体。

任务二 熟悉电子商务文案的分类与写作要点

任务描述

老李告诉小艾，接下来会写作不同类型电子商务文案，因此需要小艾了解电子商务文案的不同类型和写作要点，为后期的写作任务做准备。

任务实施

活动1 了解电子商务文案的不同类型

电子商务文案对商务活动有很大的促进作用，不同类型电子商务文案的写作方法及应用场景不同。小艾了解到，根据其功能的不同，电子商务文案可以分为展示类、品牌类和推广类 3 种类型。

1. 展示类

展示类电子商务文案以品牌或产品信息展示为主。这类文案通常图片精美、文字简练、图片搭配得当，主要传递核心要点，如产品详情页文案（见图 1-2）、海报文案（见图 1-3）等。

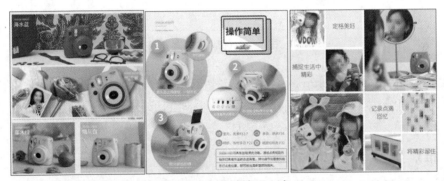

图1-2 产品详情页文案

图1-3 海报文案

2. 品牌类

品牌类电子商务文案是以企业的品牌建设和宣传为主的文案，核心在于品牌。优秀的品牌类文案能提升受众对品牌及其产品的好感，促进产品销售。品牌类文案以品牌故事（见图1-4）、品牌宣传文案等为主，主要起到树立品牌形象、传播品牌信息、提升品牌影响力的作用。

图1-4　品牌类文案

图1-4所示为卡士的品牌故事，短短数语就将卡士品牌的历史、原产地、优质的服务描绘得淋漓尽致。同时，其以版画的形式展现了马士提夫犬为贵族送酸奶的画面，彰显了卡士的品牌品质。

3. 推广类

推广类电子商务文案主要用于宣传企业品牌、产品和服务，使产品或品牌被更多人知晓，并产生一定的经济效益。这类文案通常发布在影响力较广、传播度较高的平台，如微博、微信、抖音、哔哩哔哩等，形式多样，包括图文、视频、直播等。

图1-5所示为微博中某洗衣液的推广文案。图1-6所示为自然堂在哔哩哔哩发布的视频广告截图，该视频广告鼓励年轻人"做支流不逐流"，与其品牌口号"你本来就很美"呼应。视频播放量超80万次，起到了很好的品牌推广作用。

| 图1-5　洗衣液推广文案 | 图1-6　视频广告文案 |

活动2　掌握电子商务文案的写作要点

小艾发现，优秀的文案作品总能让人眼前一亮。老李告诉小艾，要写出让人眼前一亮的优秀文案，需要掌握电子商务文案的写作要点，包括凸显产品特点、通俗易懂、言简义丰、营造销售氛围、创意新颖等。

1．凸显产品特点

电子商务文案的本质目的是推销，因此文案需要清晰地表达出产品本身的卖点。创作者要注重文案与产品之间的联系，善于运用文字来描述产品，引导受众消费。

2．通俗易懂

电子商务文案面对的是普通受众，因此需要使用简单、通俗易懂的语言。通常，电子商务文案中的语言越易于理解，文案的推广效果就越好。

创作通俗易懂的文案通常需要满足以下3点要求。

（1）语言表达规范、语义完整，无语法错误。

（2）语言描述准确，无歧义。

（3）符合语言表达习惯，不自创难以理解的词汇，不使用生僻、过于专业化的字、词。

3．言简义丰

言简义丰是指用精简的文字表达出丰富的内涵，是对电子商务文案写作的较高要求。好的文案应该言简意赅，寥寥数语便能将创意的精髓表现得淋漓尽致。

例如，图1-7所示为特仑苏广告文案。"不是所有牛奶都叫特仑苏"，这句广告语仅用寥寥数字便宣告了其牛奶独特的品牌定位，看似普通，实则给受众留下了深刻的记忆点。

图1-7　特仑苏广告文案

4. 营造销售氛围

研究表明，消费者到商场购物，七成的购买决定是在商场里做出的。因此，营造良好的购物氛围对促进销售具有重要意义。在写作电子商务文案时，创作者也应当利用这一点，通过塑造场景、展示视觉色彩落差、体现较大利益点等方式吸引受众，调动受众的情绪，促使受众消费。

图1-8所示为百草味在七夕节发布的推广文案。该文案充分运用了产品元素（巧克力），搭配代表浪漫的粉色调，渲染了浓浓的甜蜜感；而且巧克力看起来美味可口，有助于在突出产品的同时对受众的消费情绪起到积极的引导作用。

5. 创意新颖

在广告、设计、写作等行业，创意是企业生存的基础。人们总是对新鲜的事物感兴趣。好的文案创意不仅令人印象深刻，还会使文案有好的传播效果。正如知名策划人丰信东所言："创意要有'创异性'！创异性更重要的一点是：不要重复我们司空见惯的生活。"创作者可以通过创意设计、对比等方式提升电子商务文案的创意性，摆脱惯性设计，用全新的思维去表达和解读。

图1-9所示为Olay的"Correct your age（改变你的年龄）"文案。该文案通过被遮挡的数字，巧妙地体现了产品的减龄效果，使产品性能一目了然，创意十足。

图1-8　百草味在七夕节发布的
推广文案

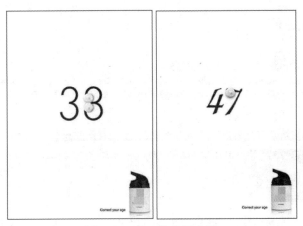

图1-9　Olay的产品文案

同步实训　通过网络搜索了解优秀的文案

🔆 实训背景

云洱茶轩是一家专业销售普洱茶的公司。其公司代理了市面上多个具有头部效应的普洱茶品牌，但随着市场渠道内代理品牌的销售利润逐渐减少，公司为扩大市场的利润，推出了一款名为"云洱"的自有优质普洱熟茶产品。

云洱茶轩公司将通过互联网打造云洱产品，因此，公司决定首先在各互联网流量平台上进行该产品的宣传推广，在推广之前，需要写作一系列的产品文案及品牌文案，以达到打开互联网市场，获得更为丰厚的产品利润及品牌效应，增加销售额与销售量的目的。

📋 实训描述

本实训要求同学们利用搜索引擎获取关于优秀文案的信息，同时分析其文案在不同营销渠道的要求与特点。

✖ 操作指南

回顾本项目所学知识并按照如下的步骤进行实训。

步骤 01 打开百度网页，在搜索文本框中输入"云南普洱茶文库""云南普洱茶博客"，在搜索结果页中查看搜索出的结果，分别查看在百度文库、博客及普通的关于"云南普洱茶"相关内容的网页链接，如图1-10所示，并按照表1-1的要求填写查找的内容。

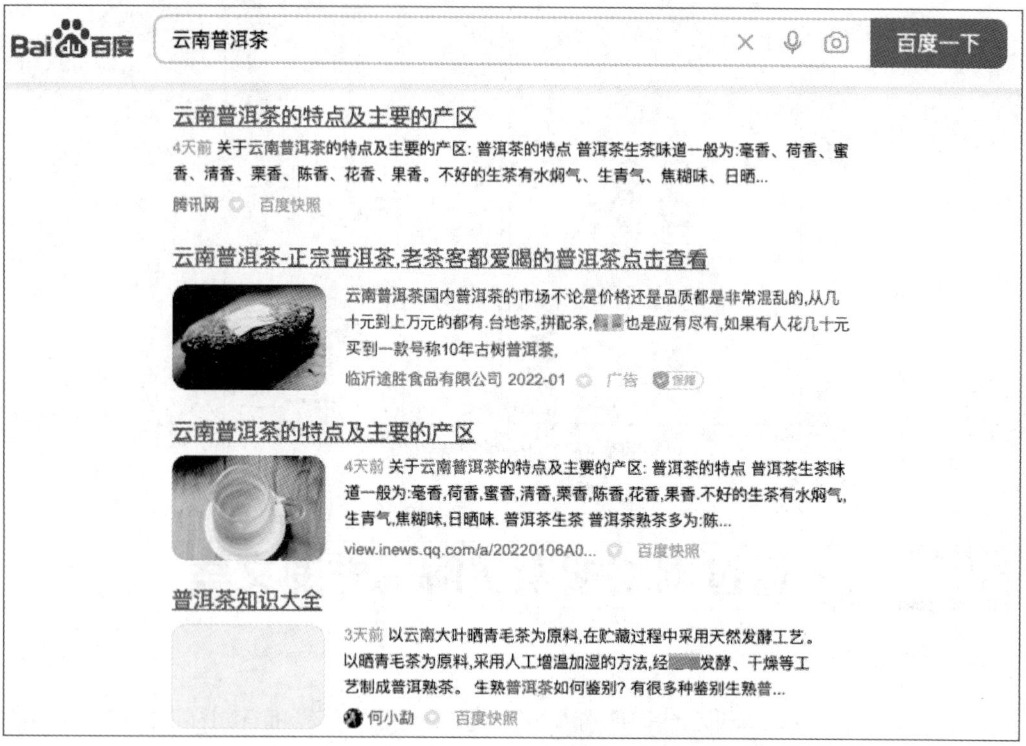

图1-10 查找"云南普洱茶"相关信息搜索结果

表1-1 "云南普洱茶"的优秀文案查找记录表

序号	营销平台	标题	内容描述
例	新浪博客	普洱茶的冲泡及品饮	普洱茶的冲泡知识讲解
1			
2			
3			
4			
5			
6			

步骤 **02** 打开百度网页，在搜索文本框中输入"搜狗微信"。

步骤 **03** 在"搜狗微信搜索"网页的搜索文本框中输入"云南普洱茶"，如图1-11所示，查找2～3篇关于普洱茶的微信公众号文章，按照表1-2的要求填写查找的内容。

图1-11　在"搜狗微信搜索"网页中搜索"云南普洱茶"显示的相关信息搜索结果

表 1-2　"云南普洱茶"的优秀微信公众号文章

序号	公众号名称	标题	内容描述
例	茶故事与茶文化	沏一杯春茶，赶上春天的脚步	散文类型的关于茶的故事
1			
2			
3			

步骤 **04** 打开淘宝网，在搜索文本框中输入"云南普洱茶"，选择销量较高的普洱茶产品2～3个，单击进入其详情页，如图1-12所示，按照表1-3的要求填写查找的内容。

图1-12　淘宝网平台查找"云南普洱茶"按销量从高到低显示的相关信息搜索结果

表1-3 "云南普洱茶"在淘宝网平台销量较高的产品调查

序号	淘宝店	商品文案详情优势概括
例	大益官方旗舰店	体现品牌优势，有优惠券引导消费者购买，有产品的详情、细节展示，有体现店铺优势和服务的文案
1		
2		
3		

步骤 05 打开抖音，在搜索文本框中输入"云南普洱茶"，选择关注量较大的抖音号，挑选几个你认为点赞量较高的抖音视频，分析其特点，按照表1-4的要求填写分析的结果。

表1-4 "云南普洱茶"在抖音点赞量较高的视频文案调查

序号	抖音号	抖音文案内容
例	知茶品人生	洱海边原生态茶园，清晨，采茶人又开始了新一轮的采茶之旅
1		
2		
3		

步骤 06 赏析文案。将表1-1、表1-2、表1-3和表1-4的内容进行汇总分析，思考在不同平台内的普洱茶宣传文案的特点，并将分析结果按要求填写在表1-5内。

表1-5 各不同营销平台的文案的特点分析

序号	营销平台	平台特点	受欢迎的文案概括说明
例	抖音	视频平台	原生态的茶园场景、真人出镜，配合质朴的文案，让消费者更有信任感
1			
2			
3			

成果展示

对比在同一营销宣传平台的多个文案，选取一个你最喜欢文案，并说明其优秀之处。

实训评价

同学们完成实训操作后，提交实训报告，老师根据实训报告内容，按表1-6所示的内容进行打分。

表1-6 实训评价

序号	评分内容	总分	老师打分	老师点评
1	能正确使用搜索引擎查找相关文案内容	10		
2	能通过搜索引擎寻找不同网络营销平台的相关文案	20		
3	能正确识别文案的不同表现类型	10		
4	能对查找到的文案内容进行分析并进行正确的归类	20		
5	能基本赏析文案的特色及优点	20		
6	能掌握搜索优秀文案的方法	20		

总分：＿＿＿＿＿＿＿

项目总结

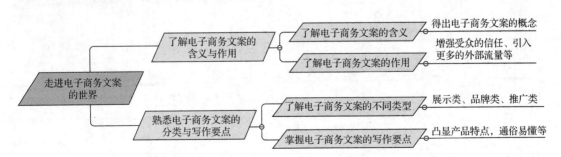

项目二

做好文案写作准备

情境创设

　　企划部近期积累了不少文案创作的工作。作为企划部的新人，小艾将协助老李完成不同品牌产品文案的构思与写作。很快，小艾便收到了老李下达的两个工作要求，一是搜集整理文案写作素材，二是输出产品创意。

　　老李："文案写作建立在素材与创意的基础上。你现在写作还不够熟练，可以先搜集与整理素材，形成自己的素材库，方便自己的文案创作。"

　　小艾："好的。我发现搜集素材的过程，也能产生许多关于文案的创意与构思。"

　　老李："没错，许多有经验的创作者在整理素材时，就有了文案写作的创意。因此，掌握文案的创意策略是非常重要的。"

　　小艾："原来如此，不过，我对于搜集素材、创意仍有不解之处。"

　　老李："没关系，有问题可以直接问我。"

学习目标

✈ **知识目标**

1. 了解素材的类型和整理素材的方法。
2. 能够掌握文案写作的不同创意策略和创意思路。

✈ **技能目标**

1. 能够搜集和整理文案写作可能用到的素材。
2. 能够采用不同的方法构思文案。

✈ **素质目标**

1. 树立版权意识，尊重他人的知识成果，做到不侵权、不抄袭。
2. 学会积累各种文案创作素材。

任务一　搜集与整理素材

任务描述

　　老李告诉小艾，在具体执行不同品牌产品文案的构思与写作前，需要先搜集与整理素材；搜集与整理素材时，需要了解不同素材的特点与适用的场合，同时还要掌握整理不同素材的工具的使用方法，以便更好地获取和整理需要的素材。

任务实施

👤 活动1　搜集素材

　　小艾了解到，搜集素材是文案写作的基础工作，同时，文案的素材有多种类型，并且素材越丰富，可选择和挖掘的空间就越大。因此，小艾需要了解素材的不同类型，掌握获取这些素材的方法。

 知识窗

　　素材是指创作者从社会生活中搜集到的，未经集中、加工、提炼的原始材料。对于创作者而言，能引发思考的所见所闻都可以视作写作素材。

 知识窗

1. 素材的分类

素材的种类丰富，不同种类的素材，特点和功能不同。素材按照表现形式通常可分为以下 4 种类型。

（1）文字类素材。文字类素材指文案写作时可供利用的各种文本，其内容多为一些知识点、引用材料等，如产品属性信息、竞争对手的文案、产品相关的销售话术、广告内容企划等。文字类素材的内容广泛、题材不限，而且搜集、保存和使用非常方便。图 2-1 所示为文字类素材及其应用。

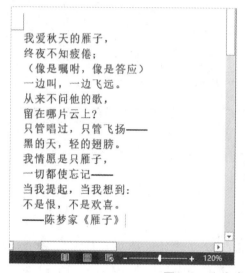
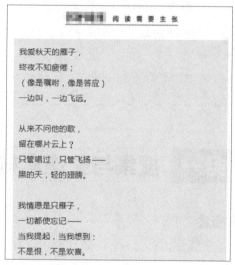

图2-1　文字类素材及其应用

（2）图片类素材。图片类素材指创作者自己拍摄的图片（见图 2-2）、绘制的图片，以及来源于网络或编辑加工书籍、影视作品后制成的截图、拼图（见图 2-3）等。图片类素材可以丰富文案的表现形式，提升受众的阅读体验。

图2-2　拍摄的图片

图2-3　加工影视作品后制成的拼图

（3）音频类素材。音频既可以烘托气氛，又可以起到解释说明的作用，是比较常见的文案素材。音频类素材主要来自音乐或音频文件，一般作为背景音出现在文案中，可以通过网络下载或自己录制。文案配合音频，有助于说明文案内容。图2-4所示为下载的音乐文件，图2-5所示的文案中应用了录制的访谈类音频。

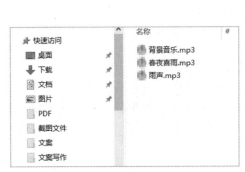

图2-4　下载的音乐文件

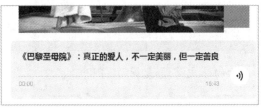

图2-5　应用了访谈类音频的文案

（4）视频类素材。视频集文字、图像和声音等元素于一体，可以直观地展示抽象的内容，便于受众理解。视频类素材多为截取自电影、电视剧、综艺和其他网络视频的片段，以及自制视频。在文案中添加视频可以增强文案的展示效果（见图2-6）。创作者也可以通过视频的综合运用制作出视频文案（见图2-7）。

图2-6　在文案中添加视频

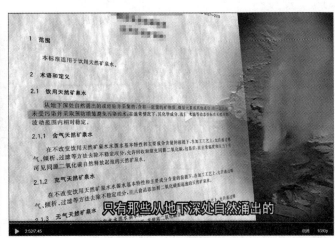

图2-7　视频文案

素质提升小课堂

在素材的收集与运用过程中，稍不注意就可能涉及版权问题，造成侵权行为。因此创作者要树立版权意识，深入了解《中华人民共和国著作权法》等相关法律法规，依法维护他人版权，避免产生侵权行为，同时也需要维护自己的合法权益，保护自己的版权。

动手做

分析文案素材的类型

通过网络搜索"纪录片影评或推荐"主题的文案，按照表2-1所示的要求，分析其使用了哪些类型的素材，并对其来源进行解释说明。

表2-1　文案使用的素材

素材分类	使用情况	来源
示例：文字类素材	√	电视剧《万物生灵》、电视剧网评、书籍《万物既伟大又渺小》
文字类素材		
图片类素材		
音频类素材		
视频类素材		

2. 素材的获取

素材类型的多样也意味着素材来源的多样。创作者需要了解素材的多种来源渠道，才能获取需要的素材。

文案素材的来源渠道主要有两种：一是外部渠道，如报纸、杂志、书籍、门户网站、新媒体平台、广告牌、影视作品、文学作品等；二是内部渠道，主要指创作者自己拍摄、绘制（一般为创作者原创作品）。这些渠道中的素材可以通过复制与粘贴（文本或链接）、收藏、分享、下载、截图、拍照、录制视频等操作获取、保存。

不管来源于哪种渠道的素材，都具有一定的参考价值。因此，创作者要善于通过各种现代信息技术和渠道查找信息，积累原始素材。

📖 专家点拨

素材来源于日常生活。为了写好文案、积累有用的素材，创作者要有意识地提升自己的洞察能力，平时多留心观察身边存在的各种文案讯息，尤其要善于利用智能手机发现更多优质内容平台和优秀文案作品等。

📝 动手做

探索素材的搜集渠道

请罗列出你认为可以搜集素材的渠道，分析并总结不同渠道的特点，完成表2-2的填写。

表2-2　文案素材搜索渠道

渠道	特点
示例：微信	存在大量优质文案内容，有助于学习公众号文案的不同写法，对文案写作起借鉴、参考作用

👤 活动2　做好素材整理

小艾很快就搜集了许多素材。为了建立完善的素材库，小艾首先了解整理素材的方法，然后结合搜狗输入法、收趣、Office办公软件等工具整理素材。

1. 了解整理素材的方法

素材的搜集并不难，难的是如何科学、有效地使用搜集的素材。一般而言，创作者可以通过以下几种方法整理素材。

（1）有目的地筛选内容。搜集的素材并不一定全部适合文案写作，因此，创作者应根据自己的现状和需要选择性地保存素材，遵循有用、易用的原则选取素材。若遇见目前不需要但很有价值的素材，要分析其是否有长久留存的价值、能否给自己带来灵感，从而做出取舍。

（2）学会收藏与做笔记。创作者发现写得好的推广或销售文案，或者其他可以提高自己文案写作水平的素材，应及时收藏。同时，如果一些句子或知识点给创作者带来了灵感、创意，创作者也可以使用专门的笔记本、手机备忘录等单独记录、整理。

（3）定期清理。素材积累是一个长期的过程，随着时间的推移，积累的素材会越来越多，因此，创作者需要定期清理过期、无用的内容，精简自己的素材库。

（4）更新素材的分类方式。在不同的阶段，文案写作所需要的素材可能会不同，创作者需要不断更新文案素材的分类方式，以便查找。

（5）建立对素材的记忆。如果不能记住自己整理后的素材的位置与内容，很可能会影响素材的实际运用。因此创作者在整理素材时应牢记自己的分类方式，记住不同类型的素材的存放位置。好记性不如烂笔头，创作者可以将素材的分类、储存路径记录下来，并标注其中的重点内容。

2. 结合相关工具整理素材

做好素材管理，还要充分利用各种素材整理工具。常用的素材整理工具主要有搜狗输入法、收趣、Office 办公软件、OneNote 等。

（1）搜狗输入法。

搜狗输入法是一款文字输入工具，不仅可以输入文字素材，还提供了"拍照转文字"功能。该功能的文字识别度较高，方便创作者将纸质书中需要储存到计算机或云端的段落、知识点转换为文字，供创作者选择、调取。搜狗输入法的"拍照转文字"功能的使用方法如下。

①在手机上安装搜狗输入法，点击任意对话框，出现输入法界面，点击输入法中的"键盘选择"按钮▦。

②在打开的界面中选择"拍照转文字"选项🔠，拍摄想要识别的文字。

③在拍摄结果中滑动框选需要的文字，点击"识别"按钮 识别 。

④此时将出现扫描结果截图，点击该界面下方的"复制"按钮▯，复制所需文字。复制的文字可粘贴到需要的文档中。

图 2-8 所示为"拍照转文字"的效果示例。选中

图2-8 "拍照转文字"的
效果示例

需要的文本后复制即可。

（2）收趣。

收趣是一款阅读、收藏工具，可收藏其他平台的文章。用户将文章链接复制至该 App，该文章就会以便签形式被保存起来，用户需要阅读时可以直接点击便签。收趣还可用于收藏音乐、图片、视频等素材，用户可以对这些素材进行贴标签、排序和分类等操作。

收趣还提供了搜索、听书功能。其"发现"频道可用于查看用户在该 App 内订阅的账号发布的内容，可以帮助创作者发现并搜集更多的素材。图 2-9 所示为收趣的功能介绍示例。

图2-9　收趣的功能介绍示例

（3）Office 办公软件。

Office 办公软件主要由 Word、Excel、PowerPoint 三大组件组成。

- Word。Word是一款文档工具，主要用于文字、图片类素材的编辑加工。创作者可以直接将文字和图片素材添加到Word中，记录某些灵感、想法。

- Excel。Excel是一款电子表格工具，主要用于处理、统计与分析数据。创作者可以使用Excel统计各类文案标题，以便分析、学习、参考他人的写作方式，提升自己的文案标题创作水平。

- PowerPoint。PowerPoint主要用于演示内容，即通过图形、动画和文字等对象表达内容，较少用于搜集、整理文案素材。创作者可以使用PowerPoint绘制一些简单的矢量图形作为文案的素材。

👤 **专家点拨**

在素材整理方面，腾讯文档具有与 Office 办公软件相似的作用。腾讯文档是在线编辑工具，不受时间、地域限制，可满足多人同时在线编辑，可通过智能手机操作，符合移动智能办公需求。打开腾讯文档网页，登录 QQ 账号，即可查看、编辑文档，并能实时保存。在腾讯文档中，"在线文档""在线表格""在线幻灯片"分别对应 Word、Excel、PowerPoint。"在线思维导图""文件夹"则有助于图片的制作和素材的分类。创作者可以灵活使用这些功能。图 2-10 所示为腾讯文档"在线表格"的使用，进入腾讯文档后新建在线表格，即可进入表格编辑界面，在其中可输入搜集的优秀标题。

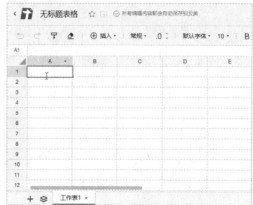

图2-10 腾讯文档"在线表格"的使用

此外，WPS Office 也是一款性质类似的办公软件，在 PC 端和移动端皆可使用，操作方便。

（4）OneNote。

OneNote 是一款电子笔记管理工具，可以分类整合文字类、图片类素材，提供图片转文字、笔记分区、淡彩荧光笔（用于标注）、实时录音等功能，而且支持手机、平板、计算机同步使用，功能多样，操作简单。打开 OneNote 的工作界面后，将会出现标签名为"快速笔记"的功能指引界面（见图 2-11）。

OneNote 的基本操作方法如下。

图2-11 OneNote功能指引界面

①进入 OneNote 工作界面，单击"新分区 1"选项卡，进入"新分区 1"编辑页面；双击"新分区 1"选项卡，可对"新分区 1"重命名。

②若要做笔记，可在编辑区中输入并编辑标题和正文内容。单击"开始"选项卡，可对笔记的字体格式等进行设置。

③单击编辑区右侧导航栏中的"添加页"按钮 ⊕ 添加页，可新建页。单击"新分区 1"选项卡右侧的"加号"按钮＋，或在其上方单击鼠标右键，在弹出的快捷菜单中选择"新建分区"命令，如图 2-12 所示。

④快捷菜单中还提供了多项命令，包括导出、新建分区组、节颜色、复制指向分区的链接等，选择相应命令即可完成相关操作。

图 2-13 所示为使用 OneNote 做笔记的示例，涉及的操作包括改变节颜色、重命名、添加内容、设置字体格式、新建分区、添加页、复制并粘贴分区链接（单击"丙烯画作品临摹"链接可直接跳转到该分区）等。

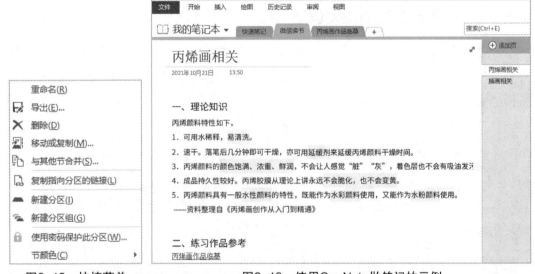

图2-12　快捷菜单　　　　图2-13　使用OneNote做笔记的示例

（5）备忘录。

生活中发生的各种有趣的事、自己日常的所思所想等都可以作为素材运用于文案中。笔记本或备忘录是非常方便的记录工具，尤其是手机自带的备忘录，可以方便创作者随时随地将零碎的内容整理并记录下来，如一些趣事、想法、灵感、朋友的经历、自己的旅行记录等。另外，创作者也可以直接使用手机，将日常生活中看到的、能带给自己文案写作灵感的素材以文字、视频、图片、语音等形式保存到手机中。

任务二　激发创意

任务描述

　　做好素材搜集与初步整理后，老李建议小艾在此基础上展开创意思考，结合不同的创意策略激发创意想象，并选择适合的输出方式。

任务实施

活动1　利用创意策略激发创意

　　小艾了解到，文案创意策略包括要点延伸法、头脑风暴法、九宫格思考法、创意思维法和元素组合法等。不同的策略能产生不同的创意，小艾需要一一学习并进行创意验证。

1. 要点延伸法

　　要点延伸法是将描述主体的特点以单点排列开来，再针对单点进行延展的方法，如图2-14所示。该方法有助于理清观点脉络、丰富文案素材和细化文案内容。该方法适用于产品详情页文案的创作，尤其适合在产品详情页中罗列产品的优势。

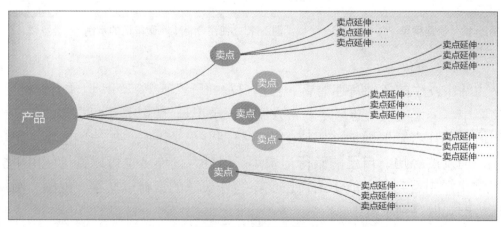

图2-14　要点延伸法

另外，要点延伸法有助于布局深度内容，从而提升文案的质量。例如，有些创作者发现了描述主体（如茶企业）具备一定的文化背景，包括工匠精神、助力当地产业发展和脱贫致富经历等，那么创作者可从这些方面来创作与描述主体相关的文案，甚至还可从脱贫致富延伸到某个体在描述主体的帮助下发生的变化，经过层层挖掘，就很可能创作出优质的文案。

2. 头脑风暴法

头脑风暴法是现代创造学奠基人亚历克斯·奥斯本提出的一种创造能力的集体训练法。他鼓励人们打破常规思维，无拘束地思考问题，从而在短时间内产生大量的灵感，甚至获得意想不到的收获。

拓展阅读

头脑风暴法的
实施要点

在运用头脑风暴法时，需要审读主题，围绕主题思考，可以天马行空，但不能跳出主题的范畴。其具体方式是根据文案描述主体，选取不同的思考角度，寻找其对应的不同特点，罗列出相应的关键词，如表 2-3 所示，每个关键词都可以成为激发创意的点。

表 2-3　选取不同的思考角度罗列关键词

思考角度	特点 A	特点 B	特点 C	特点 D
角度 1	1A	1B	1C	1D
角度 2	2A	2B	2C	2D
角度 3	3A	3B	3C	3D
角度 4	4A	4B	4C	4D

以竹叶青为例，从其产地来看，可以得出"峨眉 600 ～ 1500 米高山茶区""北纬 30°，'黄金产茶带'"等特点；从成品特质来看，可以得出"口感上乘，唇齿留香""含水量低、品质好、易保存"等特点。表 2-4 所示为根据头脑风暴法形成的关键词部分示例。

表 2-4　关键词部分示例

思考角度	特点 1	特点 2	特点 3	特点 4
产地	峨眉 600 ～ 1500 米高山茶区	北纬 30°，"黄金产茶带"	群山中，云雾缭绕，水质好	标准产房、专业先进生产设备
成品特质	扁平匀直，嫩绿油润	干茶茶芽匀整，栗香馥郁	口感上乘，唇齿留香	含水量低、品质好、易保存

之后创作者可通过关键词的组合、搭配，展开相关画面的联想，从而刺激自己产生灵感。

专家点拨

利用头脑风暴法生成关键词时，可以在不同方向各选择一个关键词。这些关键词往往差异较大，相互之间没有联系，将这些关键词组合联想，可以碰撞出灵感的火花。

3. 九宫格思考法

九宫格思考法是强迫创意产生的简单练习法，有助于人的思维扩散，可以有效帮助创作者构思文案、策划方案等。九宫格思考法的操作步骤如下。

（1）拿一张白纸，先画一个正方形，然后用笔将其分割成 9 个大小相等的格子（这 9 个格子称为"九宫格"），再将主题（产品名称等）写在正中间的格子内。

（2）将与主题相关的、可帮助此产品销售的众多优点写在旁边的 8 个格子内，尽量用直觉思考。

（3）反复思考、自我辩证，查看这些点是否有必要、明确，是否有重合，据此修改，一直修改到满意为止。若是对产品的想法很多或认为还可以延伸某个点，可以多画几个九宫格，再去粗取精。

九宫格思考法可以帮助创作者厘清产品卖点与文案脉络。创作者可以比较分析市场上的一些优秀文案，思考文案的撰写思路。图 2-15 所示为融合各种信息、资料，整理得出的关于散养禽蛋的九宫格示例，以此为延伸有助于写作文案。

自然环境	野外放养	优质鸡种
大众生鲜	散养禽蛋	胆固醇含量低
易于出口	杂粮喂养	生长天然

图2-15　九宫格示例

专家点拨

　　填写九宫格时，可以采取两种方法，一种是按顺时针方向在格子中依次填入各要点，可以帮助创作者了解自己对产品不同要点的渴望程度；另一种是不考虑产品与要点的关系随意填写，通过发散思维增加写作灵感。

4. 创意思维法

　　人的头脑是非常灵活多变的，激发创意的方法也有很多。仅从思维的角度来讲，创作者可以运用发散思维、聚合思维、逆向思维等思维方式激发想象力，探索创意途径。

　　（1）发散思维。

　　发散思维亦称扩散思维、辐射思维，指从已有信息出发，不受已知或现存的方式、方法、规则和范畴的约束，尽可能向各个方向扩展思考，从而得出多种不同的设想或答案。例如，针对同一节日主题，不同的品牌可以将其与自身产品联系起来，或者同一品牌还能创作出多个符合主题的文案，这也是思维发散性的体现。

　　（2）聚合思维。

　　聚合思维也称求同思维、辐合思维，指从已知信息中产生逻辑结论，从现有资料中寻求正确答案的一种有方向、有条理的思维方式。创作者可以从已有信息中挑选出关键信息，然后从关键信息出发打造核心卖点，达到一击即中的目的。

　　例如，奶粉产品的产地、品质认证、特殊工艺、产品包装、营养元素等优势都可以成为其宣传点或卖点。为了给消费者留下深刻的印象，可以聚焦到与其他产品具有较大差异的一点，如"飞鹤奶粉 更适合中国宝宝体质"的宣传文案。

　　（3）逆向思维。

　　逆向思维即反其道而行之，从常规思维的对立面着手，打破原有规则，得出新的想法与创意。例如，促销期间，在其他品牌大肆做促销活动时，某品牌打出了主题为"别买我"的服装广告，鼓励消费者维修旧物而不是购买新产品，成功树立了良好的社会口碑，使其"拒绝过度消费"的品牌理念深入人心，并与其他快时尚品牌形成差异。

　　又如，钉钉从打破身份规范、挑战职场原有规则的痛点出发，联合上海地铁推出了一辆"新工作方式"专列，利用"车票"文案去反对所谓的"职场规则"，引起了众多年轻人的共鸣，其文案内容如图2-16所示。

图2-16 钉钉"新工作方式"文案

5. 元素组合法

元素组合法的本质是通过不同元素的组合，使文案更具创意。这种组合可以是多方面的，例如，可以从文案本身考虑，一般文案中可能包含品牌、产品或服务，这时可以将其与外部元素，如节日、热点、实事等结合，寻找写作切入点，或者通过组合文字、形状、物品等元素来贴合品牌理念或产品卖点，创作出具有设计感的文案。例如，恰恰食品结合核桃仁和"人"文字元素（同音字），在我国获得某赛事胜利的时候，发布了"国'仁'骄傲"的宣传文案，既表达了对胜利的喜悦，又宣传了其核桃类坚果产品品质优的特点。

> **素质提升小课堂**
>
> 伴随着新媒体的发展和人们碎片化阅读习惯的养成，人们对阅读内容质量的要求不断上升，对文案写作的要求也越来越高。为了适应人们对高质量阅读的需求，创作出更优秀、更具吸引力的文案，创作者要充分发挥工匠精神，专注、用心创作文案，做到坚持与创新，在文案领域不断深耕，这样才能真正创作出有品质的作品。

👤 活动2 选择适合的创意输出方式

利用不同的创意策略，小艾想出了很多创意点子，然而她在如何体现创意上犯了难。老李告诉小艾，文案创意的核心在于吸引和打动受众，可以先找到创意的切入点，然后输出故事或情感，最后对文字、图片进行加工，增强设计感。

1. 以出"其"不意作为输出

"其"是指受众,选择受众意想不到的方式作为创意的切入点容易表现创意。出"其"不意打破了受众的心理潜规则,给受众提供了一个看待问题的新视角。例如,晨光文具的文案"开学只不过是开启下一个假期的倒计时",提供了一个新的看待开学的视角,提高了学生对晨光文具的接受度。

2. 以故事作为输出

故事可以让人印象深刻,同时其本身具备的情节性可以增强人们的阅读兴趣,因此也不失为创意输出的一种途径。因此,创作者可以创作具有故事性的创意文案。故事可以是企业与经销商、员工之间发生的故事,或者是员工在企业发展过程中的变化、受众生活发生的变化等。

3. 以情感作为输出

在文案所有形式中,情感容易触动受众,因此情感非常适合作为一个输出创意的方式。以情感作为创意的表达有助于增强文案的感染力,充分调动受众的共情心理,打动受众,创作出具有感染力和传播力的文案。不过,这通常要求创作者抓住受众的情感需求。例如,支付宝创作的"每一笔都是在乎"系列文案(见图2-17),通过一幅幅使用支付宝的生活场景,将支付行为与在乎联系起来,触动了受众关于"爱""梦想"的情感,从而突出支付宝的重要性,获得了广大受众的认可。

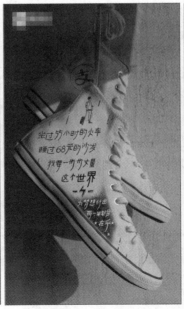

图2-17 支付宝"每一笔都是在乎"系列文案

4. 以平面艺术设计作为输出

平面艺术设计主要是对文字和图片的加工。设计文案时，创作者可以通过对图像、文字、色彩、版面等元素的运用来增强文案创意性。例如，调整文字或图片的颜色、排列方式、形状等，使图片具有较强的视觉冲击力，从而充分体现创意。图 2-18 所示为苏宁易购在五四青年节发布的以平面艺术设计作为输出方式的文案，将青年与上苏宁购物联系起来，创意十足，表现力强。

图2-18　苏宁易购文案

动手做

分析文案创意

请同学们组成 4～5 人的小组，按以下步骤完成操作。

1. 打开浏览器，搜索"数英网"，在该网站的搜索文本框中输入"2021海报"，如图 2-19 所示。查看所有搜索结果，选择你认为有创意的文案。

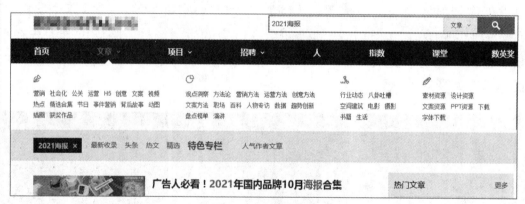

图2-19　搜索文案

2. 组员相互传阅选择的海报，时间为 5 分钟。

3. 交流查看文案后的感想，评析这些文案的创意之处，最终完成对所选文案的创意分析。

同步实训　搜索文案并分类整理文案素材

实训背景

云洱属于自然发酵的熟普洱茶，是普洱茶区的云南大叶种晒青毛茶为原料，经过发酵后加工而成的紧压饼茶。其外型色泽褐红、汤色红且亮、香气独特陈香，滋味醇厚回甘。越陈越香，不同于一些茶贵在新，普洱茶会随着时间逐渐升值。

云洱茶轩公司网络营销部门将根据云洱普洱茶的特点寻找相应的文案素材，该项目负责人要求项目组的所有员工先收集相应的文案素材，将优秀的文案、图片及视频片段进行收集与分类，每一个类型的素材不低于5条。

📋 实训描述

本次实训要求同学们利用网络搜索与"云洱"普洱茶相关的各种素材，要求将整理好的素材进行分类并保存在专门的文件夹中，为构思"云洱"普洱茶的产品宣传文案做准备。

✖ 操作指南

回顾本项目所学知识并按照如下的步骤进行实训。

步骤 01 通过思维导图的方式列出云洱普洱茶的产品特点，并将你的分析结果填写在下方：

产品特点：_____

步骤 02 根据产品的每一个特点，展开相关画面的联想，延展出产品的相关表达方式及表达场景，将其描述下来，填写在表2-5中。

表2-5 云洱普洱茶的特点及展开的文案表达场景记录

序号	产品特点	文案表达场景
例	品牌核心价值观	云南洱海旁边，匠心制好茶（清晨的茶园、摘茶的少女、熟练的炒茶工）
1		
2		
3		
4		
5		

步骤 03 根据产品的相关表达方式，确定其文案输出的表现形式，填写在表2-6中。

表 2-6　云洱普洱茶文案部分的表达方式

序号	产品特点	文案表达场景	表达方式
例	品牌核心价值观	云南洱海旁边，匠心制好茶（清晨的茶园、摘茶的少女、熟练的炒茶工）	□文字□图片□视频
1			□文字□图片□视频
2			□文字□图片□视频
3			□文字□图片□视频
4			□文字□图片□视频
5			□文字□图片□视频

步骤 04 根据文案的表现形式，进行文字、图片、视频的相应制作，并将制作的内容进行分类放置，形成一个名为"云洱普洱茶-文案素材准备"的文件夹，如图2-20所示。

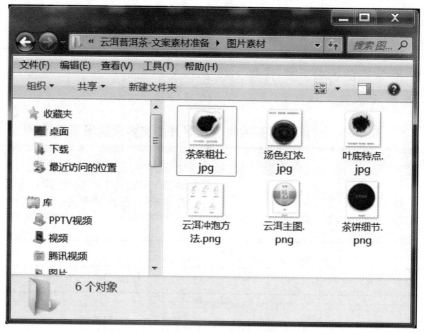

图2-20　"云洱普洱茶-文案素材准备"文件夹

成果展示

请同学们在下面的空白部分展示自己的素材内容及分类情况，并将自己在实训过程中碰到的问题记录下来。

实训评价

同学们完成实训操作后，提交实训报告，老师根据实训报告内容，按表2-7所示的内容进行打分。

表2-7 实训评价

序号	评分内容	总分	教师打分	教师点评
1	能根据产品描述正确提炼产品的特点	10		
2	能根据产品的特点扩展文案的关键词	30		
3	能正确通过不同的搜索方式查找到与产品关键词相关的优质文案	30		
4	能正确搜集并保存不同类型的素材	20		
5	能正确进行素材的分类汇总	10		

总分：_____

项目总结

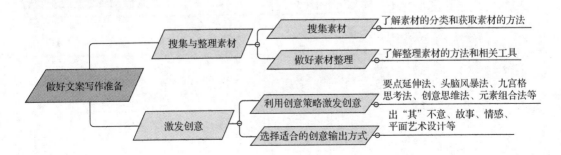

项目三
策划与构思文案

情境创设

最近，特讯运营与A公司达成协议，将负责A公司全年各平台的文案工作。为此，公司新成立了一个项目组，小艾也是其中的一员。在分配工作时，小艾被安排为该公司撰写一篇新品推广文案。小艾将在老李的指导下完成该工作。

小艾："老李，我怎么才能写出更有针对性的文案呢？"

老李："写作文案前，首先需要策划与构思文案内容，这样才能写出好的作品。"

小艾："就是说，我要先安排好内容再写？"

老李："策划与构思主要是要确认文案的写作方向，只要文案策划与构思得当，就能写出结构好、针对性强、质量佳的文案。"

小艾："原来是这样，那你快教教我吧，我很想完成好此次工作。"

学习目标

✈ **知识目标**

1. 了解文案写作背景的分析方法，以及针对不同写作目的的文案写法。
2. 掌握目标受众的分析方法。
3. 掌握确定写作主题和完善内容构思的相关知识。

✈ **技能目标**

1. 能够分析文案的目标受众。
2. 能够针对写作目的和目标受众完成文案主题的构建，并列出文案提纲。

✈ **素质目标**

1. 遵循《中华人民共和国广告法》(以下简称《广告法》)，不虚假宣传。
2. 学习奋斗、拼搏、追求理想、敬业的精神。
3. 多创作鼓舞人心、积极向上的文案。

任务一 明确写作目的

任务描述

小艾接到任务后，在老李的建议下，对自己的写作流程进行了分解，计划先明确写作目的，然后根据写作目的来策划并构思内容。为明确写作目的，小艾首先分析了文案的写作背景，然后了解了不同写作目的下的文案的写法。

任务实施

👤 活动1 分析文案写作背景

在分析文案写作背景时，小艾从描述主体、写作目的、写作类型、发布平台、消费者、竞争者方面进行了分析。

（1）描述主体。这是指文案描述的对象，可以是企业、品牌或产品。

（2）写作目的。这是指文案的用途是宣传品牌或推广新产品，是否有具体想达到的效果。例如，写作目的可以是文案触达超过 10 万受众，本月产品销量达到 1 万件等。写作目的可以成为衡量文案质量的标准，同时也会影响文案的写作思路。

（3）写作类型。这是指文案的呈现形式，包括海报文案、短视频文案、产品详情页文案等。

（4）发布平台。这是指文案的发布平台，如微信、哔哩哔哩、淘宝、微博、小红书、豆瓣、抖音、知乎等。不同的平台适用的文案类型、人群不同。

（5）消费者。这是指企业、品牌、产品或服务面向的目标消费群体。创作者需分析其年龄、消费水平、消费偏好、购买心理、阅读偏好等，从而增强文案的吸引力和精准度。

（6）竞争者。这是指与企业有竞争关系的公司。分析竞争者的产品及其特点，以及创作的各种文案等，可以为创作者写作文案提供思路。

> 🧑‍💼 **专家点拨**
>
> 　　了解文案写作背景的主要目的是知己知彼。分析文案的写作背景，有助于创作者找到文案的价值点，了解受众内容偏好，从而提升文案的竞争力。

> 🖐️ **动手做**
>
> ### 文案写作背景分析
>
>
> 拓展阅读
>
> 写作要求
>
> 　　假设你需要为国货品牌玛丽黛佳撰写一篇微信公众号文案，扫描右侧二维码，查看具体的写作要求，尝试分析文案写作背景，并完成表3-1。
>
> 表3-1　文案写作背景分析
>
> | 分析内容 | 结果 |
> | --- | --- |
> | 描述主体 | |
> | 写作目的 | |
> | 写作类型 | |
> | 发布平台 | |
> | 消费者 | |
> | 竞争者 | |

👤 活动2　分析写作目的

　　为了提高小艾文案写作的精确度，老李从公司素材库和网上找了许多不同品牌在不同阶段发布的文案，让小艾分析这些文案的写作目的。经过分析后，小艾将文案的写作目的分为两类，一类是以改变受众态度为目的，另一类是以促使受众行动为目的。

1. 以改变受众态度为目的

改变受众态度是指让受众对产品产生正向态度，例如，从不了解产品到认可产品。该目的实现的核心是"信任"，为此，创作者需达到图 3-1 所示的 3 点要求，并从以下 4 个方面入手。

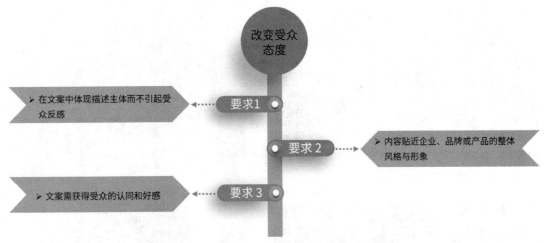

图3-1　以改变受众态度为目的的文案要求

（1）体现品牌理念。

传递品牌理念有助于树立品牌形象，尤其是传递某种情怀、情感的理念，更容易赢取受众的认同。例如，万科曾以"让建筑赞美生命"为主题创作平面广告文案，体现了其独特的人文主义情怀，获得了众多受众的认可，具体文案内容如下。

> 生活着，就有生活着的痕迹。
> 那枚挂过书包的铁钉子，
> 门框上随身体一起长高的刻度，
> 还有被时间打磨得锃亮的把手——所有关于生活的印记和思考，
> 总在不经意间铭刻在空间的各个角落，
> 由岁月成篇，堆积出记忆的厚度。
> 万科相信，唯有尊重生命的建筑，
> 才能承载未来可持续的生活。

（2）提供品质认证。

文案中可展示内容包括产品获奖情况、产品质量（安全性）检验证书、产品功能测试、实验数据、产品对比、使用前后效果对比、专利证书等，以增加受众对产品的信任。图3-2所示分别为床垫和润唇膏文案展示产品质量的示例，其体现了产品的功能性。

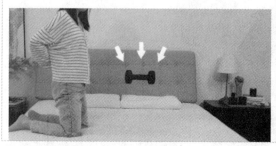

图3-2　展示产品质量的文案示例

👤 **专家点拨**

客户反馈也可以体现产品品质，可从买家评论、品牌社群和品牌互动留言中精选。客户反馈会影响其他受众对该产品的印象，客户反馈越好的产品，越容易被其他受众信任。

（3）传达竞争优势。

受众对品牌、产品或服务的好印象可能来源于其竞争优势，因此创作者要在文案中展现产品的核心卖点。例如，OPPO"充电五分钟，通话两小时"的文案展示了OPPO手机续航能力强的核心卖点，给受众留下了深刻的印象。

素质提升小课堂

《广告法》第二十八条规定，广告以虚假或者引人误解的内容欺骗、误导消费者的，构成虚假广告。其中包括"使用虚构、伪造或者无法验证的科研成果、统计资料、调查结果、文摘、引用语等信息作证明材料的""虚构使用商品或者接受服务的效果的"。创作者在撰写文案时，要注意各类认证信息和检测数据等的真实性，以防构成虚假广告。

（4）关注受众感受。

受众感受可影响品牌口碑，这要求文案创作以受众为中心，想受众所想，引起其共鸣。关注受众感受一般是从受众的情感和诉求出发，包括替受众发声、回归受众熟悉的场景、给予受众成就感等。

知识窗

品牌口碑通常指受众对品牌的评价和议论，可能是正面的，也可能是负面的，这会影响品牌形象的塑造。

 知识窗

2. 以促使受众行动为目的

若文案以促使受众行动为目的，如引导其下单购买，那么文案内容需符合受众的需求、设计行动的触发点、降低行动成本等。

（1）符合受众的需求。

行动基于需求产生，如果文案中的卖点能够贴合受众的需求，或者给受众带来某种需要的回报，就能够打动受众，使其产生相应的行为。例如，大众甲壳虫汽车就从受众的购车需求入手，将产品优势融入对好车的定义中，并体现了受众能获得的利益点，从而激发其产生购买行为。以下为文案部分示例。

> 事实上，的确有人收入颇丰，足以买辆比大众汽车好很多的车，但他们并没有这样做——他们找不到更好的车。
>
> 对他们而言，最好的车就是一辆可以把他们载送到目的地的车，舒适而经济的车，一辆无须担心损坏的车，一辆不必经常加油的车，而且几乎不需要修理的车。

（2）设计行动的触发点。

设计行动的触发点是为了强化受众的购买需求，促使其马上展开行动。创作者可以塑造与描述主体相关的情景，例如，"路上堵车，听喜马拉雅"，通过该场景刺激受众将行为付诸实践。

（3）降低行动成本。

降低行动成本是为了保证受众有能力完成该行为。例如，要吸引受众互动，可以在文案中设计讨论话题，留出受众评论和话题分享的空间；要扩大文案的传播面，可以在文案中做转发抽奖的设计，促使受众主动分享文案；要促进销售，可以在文案中插入方便跳转的购物链接，让受众体会到行动起来很容易。

（4）解决受众的疑虑。

各种顾虑的存在会影响受众行动，因此创作者需要为受众解决后顾之忧，如运送、安装、使用、售后等多个方面，增大受众购买的概率。例如，某床垫品牌在文案中提及其产品"有过敏体质的宝宝在用，爱把它当成跳跳床""使用卷压包装，把床垫真空压缩进一个一人大小的盒子里，不管多小的楼道、电梯，都能上楼。而且是顺丰发货，可以送入户"。

该文案解决了受众关于过敏体质使用以及运送等方面的疑虑。

（5）体现活动力度。

优惠是吸引受众下单的利器。文案如果能体现创作者争取到的优惠，以及目前下单的巨大优惠力度，有利于增加受众下单的概率。图 3-3 所示为体现活动力度的文案截图，该优惠非常有吸引力。

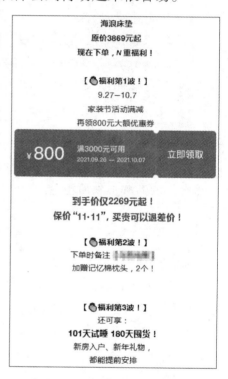

图3-3　体现活动力度的文案截图

🛍️ 动手做

分析文案的写作目的

图 3-4 所示分别为两则不同的文案。请分析这两则文案的写作目的，将其填写在文案下方对应的横线上，同时简述你的判断依据。

写作目的：_____　　　写作目的：_____

判断依据：_____　　　判断依据：_____

动手做

图3-4　文案

任务二　分析目标受众

任务描述

为了更好地传递文案信息，小艾打算以受众为中心，首先明确受众群体，再分析受众的购买动机和购买心理，以此写出更具针对性的文案。

任务实施

活动1　明确受众群体

在老李的指导下，小艾发现 A 公司的产品在受众定位上有所差异，而小艾现在要做的，就是确定自己所负责产品面向的目标受众群体。

不同品牌甚至不同产品都有其针对的、固定的受众群体。以美妆品牌为例，由于 18 ～ 28 岁的女性与 30 ～ 40 岁的女性在消费能力、消费心理上的不同，相同文案内容对二者的吸引力会有所差异。例如，某美妆品牌的受众是 30 岁以上、消费能力强、追求舒适健康的精致都市女性，那么文案突出高性价比、便宜好用、包装靓丽并不足以吸引受众。

因此，文案创作需先明确受众群体，分析其消费特点。受众群体的不同将在很大程度影响文案的写法。

活动2　分析受众的购买动机

为了更好地抓住受众心理，小艾查看了 A 公司以往文案的受众反馈。经过分析观察，小艾对常见的购买动机进行了归纳，并打算将其融入自己的文案策划中。

1. 感情动机

感情动机即受众出于感情需要而引发的购买欲望，可以细分为情绪动机和情感动机两种，如图 3-5 所示。

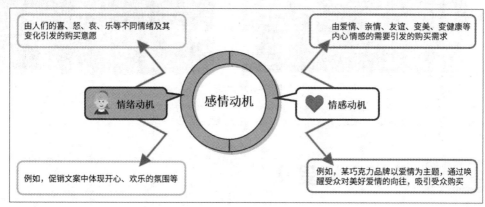

图3-5　感情动机

2. 理智动机

理智动机指受众对某产品有较清醒的了解和认知，在此基础上经过理性抉择后产生购买意向，并做出购买行为。拥有理智动机的人往往心理成熟，具有周密性、控制性、客观性等性格特点，知道自己该买什么、不该买什么。求实、求新、求优、求简、求廉等购买动机都属于理智动机。

事实上，理智动机的受众因其理性的消费习惯，很难被各种营销手段打动，购买自己不需要的产品。创作者可以结合品牌定位直接体现产品的核心卖点，打动目标消费人群。例如，某潮牌服装品牌的特点就在于其服装风格一直走在时尚前沿，其受众也多是追求新潮、时尚服饰的年轻人，那么抓住其"潮"的特点，自然能吸引有这类购买动机的受众。

3. 信任动机

信任动机是基于对某企业、某品牌或某产品的信任而产生的购买动机。针对这类动机，创作者要注意抓住其忠实受众的信任。例如，创作者可以在写作文案时体现或塑造企业、品牌的正面形象，彰显产品品质，以促进受众购买。

👤 活动3 分析受众的购买心理

老李告诉小艾，受众的购买行为与其购买心理息息相关，写作时，可以根据受众不同的购买心理，在文案中体现多个卖点，也可以主推一个卖点。这让小艾决定分析受众的购买心理。常见的购买心理有以下几种。

1. 报酬心理

报酬心理指受众想要犒劳自己或感谢别人的心理，这种心理一旦产生，受众便很容易产生消费行动。对于这种购买心理，创作者要注意引起受众的情感共鸣。

例如，奥妙的文案"歇歇，妈妈，今天的这些脏衣服就交给我吧"，勾起了受众对母亲为自己付出的回忆，激发了受众想要回报母亲的心理，达到了很好的推广效果，如图3-6所示。

图3-6 报酬心理

2. 从众心理

从众心理是指个体在社会群体或周围环境的影响下，不知不觉或不由自主地与多数人保持一致的社会心理现象。具有这种购买心理的受众偏爱购买流行的或大多数人都在使用的产品。

创作者可以在文案中表明产品的销量高、产品是今年的流行款等，获得从众心理的受众的青睐。图3-7所示的口红推广文案即是如此。

3. 实惠心理

具有实惠心理的受众追求的是产品的物美价廉，即产品功能实用且价格便宜。针对这类受众，文案需要体现产品的高性价比，如图 3-8 所示。

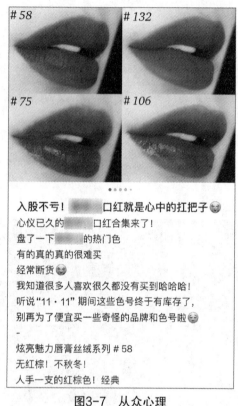

图3-7　从众心理

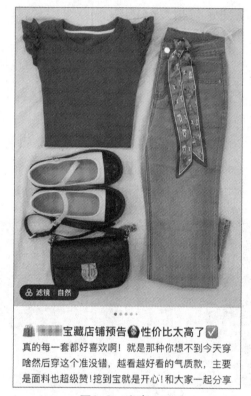

图3-8　实惠心理

4. 名人心理

名人是指在各行各业中受广泛关注的个体。许多受众会倾向于购买名人推荐的或与名人有关的产品。针对这种心理，创作者可适当将名人融入文案，吸引这类受众的关注，进而促进受众产生购买行为。如果名人是品牌或产品的代言人，创作者可直接将名人作为产品的卖点体现。图 3-9 所示的文案就是用"名人同款"来吸引受众。

📝 **素质提升小课堂**

很多青少年在成长过程中都可能会选择一个名人作为榜样，如知名企业创始人、运动员、外交家等。但青少年应当避免盲目的模仿和崇拜，应注重学习其奋斗、拼搏、追求理想、敬业的精神，以免陷入不良的过度迷恋与幻想中。

5. 比较心理

比较心理是指在有同类产品或更多选择的情况下，受众往往会选择更优选项的购买心理。创作者在写作针对这一类型的受众的文案时，要突出自己产品的最优选项，如图 3-10 所示。

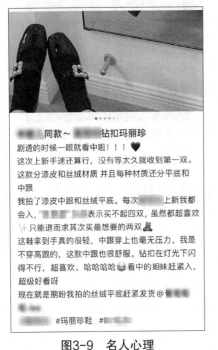

图3-9　名人心理

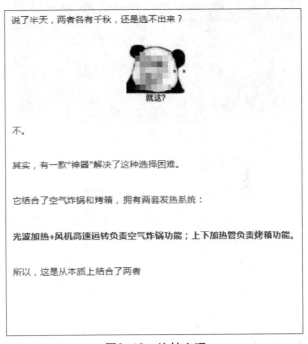

图3-10　比较心理

6. 求美心理

求美心理是一种关注产品欣赏价值或艺术价值的购买心理。有这类心理的受众可能既关注产品是否实惠耐用，还关注产品是否能美化生活，是否具备造型美、装饰美或包装美等性能。面对这类受众，创作者需要强调产品的欣赏价值。图 3-11 所示的文案就强调其产品可"创造精细、美丽的现代生活方式"，符合对美有追求的受众的喜好。

7. 求异心理

求异心理指受众追求个性化，彰显与众不同的个人品位的一种心理现象。图 3-12 所示为 Jeep 汽车的品牌文案。#每个人心中都有一个 Jeep# 不仅彰显了 Jeep 与众不同的品牌形象，同时又满足了受众追求个性化的心理需求。

图3-11 求美心理

图3-12 求异心理

8. 好奇心理

好奇心理是人们普遍拥有的心理。那些好奇心旺盛的受众一般比较喜欢追求新奇、赶时髦，他们不会太在乎产品是否经济实惠，而是更看重产品是否能满足自己的好奇心。针对这类受众，创作者可以在文案中着重体现产品的新颖设计与创意。

图3-13所示的树叶变色温度计的文案"会变色的树叶温度计"，就体现了产品的创意。它既包括温度计的外形创意，又包括温度计的功能创意，能吸引具有好奇心理的受众的关注。

图3-13 好奇心理

9. 习惯心理

很多受众在购物的过程中可能会表现出不同的消费习惯，例如，偏向于购买某种品牌的产品、只购买价格不超过某个范围的产品等。这一类型的受众一般会在自己心中制定一个心理预期，当产品的实际价格超过预期或功能未达到预期时，就会另选他家。

动手做

总结受众的购买心理和特点

综合上述知识的学习，可以看出不同购买心理的受众具有不同的购买倾向与特点，请根据你对不同购买心理的了解，总结其对应的购买特点，完成表3-2的填写。

表 3-2　不同类型受众的购买心理及其特点总结

购买心理	特点
从众心理	
求美心理	
实惠心理	
报酬心理	

任务三　确定写作主题

任务描述

每个文案都有明确的主题。在确定写作目的并做好受众分析后，小艾需要结合受众的购买动机和之前掌握的创意策略确定主题，然后选择合适的主题表达方式，并根据主题构思场景。

任务实施

活动1　确认主题表达方式

结合网络搜索结果，小艾发现网络上的文案有动机型的主题，也有实力型、理想型、暗示型的主题。她将了解这几种不同表达方式的写法，选择一种作为自己文案的主题表达方式。

1. 动机型

动机型是指在场景中融入产品的价值，给受众一个购买理由，激发受众的购买动机的表达方式。这需要创作者站在受众的角度来思考什么样的文案能够影响受众感知。

拓展阅读

主题的要求

图3-14中的体重秤文案，利用"拒绝盲目减肥""单脚闭目上秤"塑造了称重的生活化场景，并借此体现产品高精度称重的强大性能，给了对测算身体数据有较高要求的受众一个购买的理由。

2. 实力型

实力型是指直接以产品或服务的过硬功能、性能、质量等为主要表达重点，给受众留下一个"人无我有，人有我精"的印象，注重通过产品或服务的核心竞争力来体现竞争优势的表达方式。图3-15所示的海报文案通过"认真""匠心""核心科技"直观地体现出百雀羚和格力两个品牌产品的质量与实力。

图3-14　动机型文案

图3-15　实力型文案

3. 理想型

理想型是指通过塑造远大的目标，让受众与文案在价值层面产生共鸣的表达方式，比较适合具有一定品牌知名度的企业。

例如，现代途胜的广告文案"去征服，所有不服"，所表达的征服欲和远大目标引发了受众内心的共鸣。

4. 暗示型

暗示型是指不直接说明自己的主题思想，而通过暗示的方式让受众领会文案的真实意图的表达方式。该表达方式适合以创意为主的文案，适用于体现企业理念、品牌精神等的文案，不适用于产品上新类、活动推广类的文案。

图 3-16 所示为某运动品牌在奥运会期间发布的以"活出你的伟大"为主题的文案，不仅是在描述运动员渴望突破极限的精神，也是在告诉受众，伟大并不属于少数人，每个人都应抱着这种追求与信念，创造个人辉煌。该文案不仅拉近了奥运赛事与普通受众之间的心理距离，同时还十分贴合品牌的主张与定位。

图3-16 暗示型文案

👤 活动2 根据主题构建场景

要完成文案作品，小艾需要根据主题构建场景。根据归纳、总结与思考，小艾确定了 3 种不同的构建场景的方向，第一种是通过生活中的事物展开联想，第二种是通过产品或主题本身展开联想，第三种是通过受众痛点展开联想。

 知识窗

构建场景是指结合使用人群、产品特点等展开联想，为产品构建一个使用场景，进而奠定文案描述的环境基础，让受众产生代入感，或给受众美的感受，从而让其认同文案或使文案给其留下深刻印象。

 **知识窗**

1. 通过生活中的事物展开联想

产品始终为生活服务，因此创作者可以从实际生活出发展开联想。例如，某家居品牌以家具的布置来设计文案，通过展现生活气息，将产品场景化，体现品牌的人文情怀，如图 3-17 所示。

2. 通过产品或主题本身展开联想

产品本身的外观形状、颜色，从主题本身延伸出的词汇等都可以激发文案场景构建的创意。图 3-18 所示为某口红文案。该文案以科技感为核心，通过科技手臂、口红颜色的飘带等元素体现了产品特点。

图3-17　通过生活中的事物展开联想　　　　图3-18　通过产品或主题本身展开联想

3. 通过受众痛点展开联想

通过受众痛点展开联想主要指将产品的使用场景与受众的需求联系起来。例如，某智能门锁的地铁广告文案就从受众不想带钥匙的需求出发，塑造了如工作回家、买菜回家、放学回家等不同的卡通动画场景，传达了智慧生活的新主张，进一步宣传了其品牌产品，引发了受众的共鸣。其文案部分示例如下。

左手右手购物篮	工作这么累
开起门来很慌张	别让自己门外狼狈
我就不想带钥匙	我就不想带钥匙

📖 动手做

构建与生活相关的主题场景

任选一款家用电器产品，试着为其构建一个与生活相关的主题场景。将你设计的场景描述出来，填写在下方横线上。

场景描述：_____

_____。

任务四 列出文案提纲

任务描述

在做完以上工作后，小艾对于如何写文案已经有了较为明确的想法，她打算直接开始写作。老李提醒她，可以先利用 Word 文档制作一份文案提纲，以梳理文案写作思路，填充文案细节。在老李的指点下，小艾学习了两种不同的文案提纲写作方法。

任务实施

1. 按内容分类建立提纲

提纲是对构思的呈现，主要围绕文案主题和构思进行。有的长文案需要展现许多卖点，按内容分类建立提纲可以降低创作者遗漏重要卖点的概率，尽可能呈现全面、丰富的文案内容。

假设需要为某餐饮店撰写推广文案，按内容分类建立提纲可参考表 3-3 所示的写法。

拓展阅读

提纲运用注意事项

表 3-3 按内容分类建立提纲：××餐饮店推广文案提纲

标题				
板块	要点	重点描述	配图	备注
探店情况	成都吃鱼新坐标	经典鱼鱼，就馋这一口	火锅鱼照片	商家提供
	生意火爆		店中满座照片、外面排队照片	商家提供
	产品、环境全新升级	全部菜品升级，体验感提升	店中满座照片、外面排队照片	己方采编
	大众点评、美团好评		好评截图	己方采编
核心卖点	卖点1：口碑好	连续两年蝉联某热门榜，回头客众多		
	卖点2：川菜大厨指导，成都风味		大厨照片	商家提供
	卖点3：选材优质，优质青花椒、精选鲜鱼		鲜鱼照片	商家提供
	卖点4：食材烹饪处理规范		店内水缸照片、处理鱼和烹饪中的照片	己方采编

板块	要点	重点描述	配图	备注
招牌菜	招牌青花椒麻辣锅、肥肠、黑豆花		成品照片、筷子夹鱼照片、鱼肉近照	己方采编
其他菜	藤椒鸭、粉蒸牛肉		菜品照片	己方采编
甜品	蜜瓜绵绵冰、菠萝绵绵冰		甜品照片	己方采编
环境氛围	中式桌椅、光线明亮、配色和谐、卡座设计		店内卡座、分区等照片	个别为动图
店铺信息	店名、地址、电话、人均消费金额、营业时间			商家提供、己方采编
版权	成都仅有两家			商家提供
优惠	甜品免费、9.9元抢88元代金券、留言选送价值188元双人餐			套餐内容、开奖时间、使用时间、使用门店

2. 按内容呈现顺序建立提纲

按内容呈现顺序建立提纲实则梳理了文案结构，后期写作的时候将更加方便。假如为某美妆品牌设计产品推广文案，其文案提纲可按表 3-4 进行设计。

表 3-4　按内容呈现顺序建立提纲：×× 新产品推广文案提纲

主题	尊重每一份对美的渴望，世界将更加美好	
创意	素人改造栏目，帮助她们变美，在此过程中实现产品推广；利用微信公众号文章可左右滑动查看图片的功能，提升文案的美观度和设计感	
板块	内容设计	配图
开头	主角及其基本信息	主角素颜照
第一部分	主推新品卖点，主要是某款口红与眼影盘	该口红与眼影盘的图片（可使用 Photoshop 自制）
第二部分	"未来科技感"妆容介绍	妆后图
第三部分	眼睛的详细化妆步骤	每一步的化妆效果图、眼影盘使用顺序编号图、眼妆完成效果图
第四部分	嘴唇的详细化妆步骤	唇妆完成效果图、口红产品图

续表

板块	内容设计	配图
第五部分	妆前妆后的对比、搭配服装进行写真展示	素颜照、完妆照、写真照
第六部分	主角妆后心声	妆后脸部大头照
结尾	独家彩蛋（"11·11"福利）、互动分享	关于福利的精美图片

👨‍💼 **专家点拨**

　　由于不同类型的文案、创作者个体的差异性，文案提纲会呈现出不同的结构和写作特点。写作提纲并没有固定的格式，只要方便创作者梳理思维即可。此外，创作者还可以扫描右侧的二维码，进一步了解优化文案构思的方法，增强文案的吸引力。

拓展阅读

增强文案吸引力的方法

🗑️ **动手做**

写作文案提纲

　　假如你需要为某咖啡品牌圣诞系列新品（包括陶瓷马克杯、不锈钢吸管杯、保温杯）写作新品推广文案，你会如何策划文案的内容？请参考表3-4所示的提纲结构，填写表3-5。

表3-5　新品提纲：××圣诞限定杯推广文案

主题	圣诞限定杯，梦幻登场	
创意	样式展示，利用留言和"在看"扩大传播	
板块	内容设计	配图
开头	介绍上新	新品合照动图
第一部分		
第二部分		
第三部分		
结尾	互动有礼，例如"你喜欢哪款圣诞杯？留言分享即有机会获得50元优惠券。"	

同步实训 策划与构思产品文案

💡 实训背景

云洱普洱茶项目的负责人考虑到云洱在互联网上的推广首先需要在互联网上进行产品的宣传造势，使云洱的潜在客群能够从更多渠道立体化地了解产品，并能快速寻找到产品的购买渠道。因此，他决定通过一篇产品文案进行多渠道互联网媒体平台分发，在产品文案落笔之前，他需要做一系列的产品文案策划与构思工作。

📋 实训描述

本次实训要求同学们综合利用本项目各任务中学习到的知识，从产品销售的角度出发，分析产品的目标受众，确定产品宣传文案的主题，并列出文案提纲，为后续产品文案的写作打好基础。

🔧 操作指南

回顾本项目所学知识并按照如下的步骤进行实训。

步骤 01 分析云洱普洱茶的产品文案写作背景，将分析结果填写在表3-6中。

表3-6 云洱普洱茶产品文案写作背景分析

分析内容	结果
描述主体	
写作目的	
写作类型	
发布平台	
消费者	
竞争者	

步骤 02 打开百度指数首页，在搜索框内输入"云南普洱茶"，分别查看"需求图谱""人群属性"，如图3-19和图3-20所示。将通过百度指数查看到的数据情况按照表3-7的要求填写分析结果。

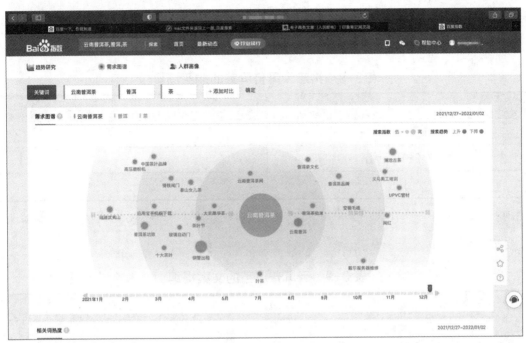

图3-19　需求图谱

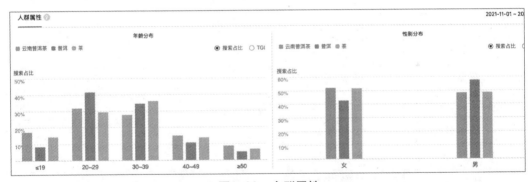

图3-20　人群属性

表 3-7　云洱普洱茶的目标受众群体分析

分析内容	结果
目标受众群体的年龄区间	
目标受众群体的主要性别	
目标受众群体的特点描述	
购买心理及动机 1	
购买心理及动机 2	
购买心理及动机 3	

步骤 **03** 结合受众的购买动机及心理构建可能的购买场景，将设计的场景描述出来，填入表3-8中。

表 3-8 构建云洱普洱茶的购买场景

购买心理及动机	购买场景描述
商务会议	
节假日送礼	
自用	

步骤 **04** 融合步骤03中多个购买心理及场景描述，按照文案内容呈现顺序将文案内容设计填入表3-9中。

表 3-9 云洱普洱茶的文案提纲

主题			
创意			
板块	板块规划	内容设计	配图说明
开头	产品介绍		
第一部分	生长环境		
第二部分	产品卖点		
第三部分	产品用途		
第四部分	同类对比		
第五部分	细节展示		
第六部分	客户反馈		
结尾	引导转化		

🧠 成果展示

在下面的空白部分展示自己做好的产品文案提纲，并将自己在实训过程中碰到的问题记录下来。

💬 **实训评价**

同学们完成实训操作后,提交实训报告,老师根据实训报告内容,按表3-10所示的内容进行打分。

表3-10 实训评价

序号	评分内容	总分	教师打分	教师点评
1	能正确认识产品特点	10		
2	能通过数据分析产品的目标受众	10		
3	能根据受众群体特点分析其购买心理	15		
4	能根据购买心理准确分析购买场景	15		
5	能通过文案提纲完成整体文案的结构设计	50		

总分:_____

项目总结

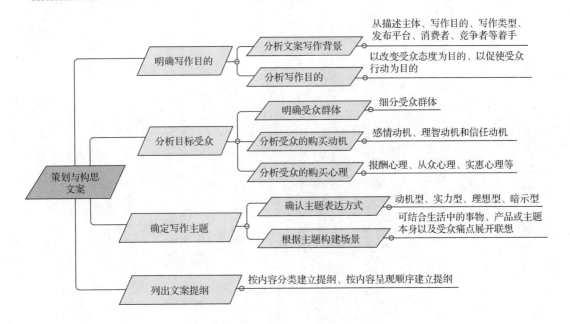

项目四

撰写文案标题

企划部召开例会，总结工作情况。会议上，老李提出最近文案阅读量和转化率有所下降，并表示接下来将提高文案审核标准。为了达到最新的文案审核标准，小艾准备重新撰写文案标题。为此，小艾向老李请教。

小艾："老李，怎么才能写出优秀的文案标题呢？"

老李："你可以多看看优秀的文案标题，分析这些标题的写法，并模仿写作。"

小艾："原来如此，谢谢老李。"

老李："不用谢。对了，撰写文案标题有许多窍门，我认为这些知识可以让你的文案标题增色不少。"

学习目标

✈ **知识目标**

1. 认识常见的标题类型。
2. 掌握撰写优秀标题的方法和标题写作的注意事项。

✈ **技能目标**

1. 能够写出不同类型的标题。
2. 能够创作出优秀的标题。

✈ **素质目标**

1. 培养自己多角度写作标题的能力，不断提高标题的写作水平。
2. 养成关注文案标题写法的习惯，提升职业素养。

任务一 选择合适的标题类型

任务描述

在搜集的素材库中，小艾发现自己已经积累了不少优秀的文案标题，各种类型都有，包括直言式、提问式、新闻式、话题式等。小艾打算先分析这些优秀文案标题的写法，然后选择效果好的、适合文案的标题类型撰写标题。

拓展阅读

标题的作用与优秀标题的特征

任务实施

小艾了解到如下几种常见的标题类型。

1. 直言式标题

直言式标题是目前常用的一种文案标题类型，其特点是直观明了、实事求是、简明扼要。直言式标题一般会直接宣告某事项或告诉受众能获得的利益或服务。以下为直言式标题的常见示例。

> 在线 PPT 课程只需要 99 元，你就可以不限时学习！
>
> "11·11"呢子大衣买二送一
>
> 低至 49 元！魅力青年春游必备单品

2. 提问式标题

提问式标题用提问的方式来引起受众的注意，包括反问、设问、疑问。该类型标题旨在通过提问激发受众的好奇心，从而引导受众阅读文案。以下为提问式标题的示例。

> 新手小白学 PS 有前途吗，能当副业赚钱吗？
>
> 54K 显示屏到底厉害在哪里？
>
> 世界骨质疏松日｜老年人驼背是正常现象？这大错特错！
>
> 怎样保养手机电池？

专家点拨

创作者在撰写提问式标题时，应从受众关心的利益点出发，这样才能引起他们的兴趣，否则撰写出的标题很可能是失败的。

3. 新闻式标题

新闻式标题比较正式且更易使人信服，主要以报告事实为主，是对近期发生的有意义的事实的阐述。新闻式标题一般用来告知受众最近发生的事情，包括新产品发布或企业重大决策等，目的在于引起受众对企业的好奇，从而阅读正文。图 4-1 所示为新闻式标题的示例。

图4-1　新闻式标题的示例

专家点拨

有些电子商务文案标题还会故意伪装为新闻式标题，以吸引一些关注新闻的受众的注意。这也是一种常见的写法，可大大提升标题的吸引力。这类电子商务文案标题如"合资大厂连夜发布声明，网友却纷纷点赞！""灯厂的进化！奥迪 A8L Horch 的车灯究竟藏着什么黑科技？""奥运冠军 ×× 球鞋曝光，有一款今天 6 折"。

4. 话题式标题

话题式标题中包含热点话题，能够吸引受众参与讨论和分享。热点话题通常为近期引发广大网友讨论的热点事件等，包括热门赛事、热门影视剧、广受关注的社会事件，以及被广泛运用与传播的网络热词等。这些被讨论的话题自带热度，可增强文案的吸引力。

图 4-2 所示为淘宝在某届世界杯期间推出的宣传海报，通过"每日秒读世界杯"总结世界杯比赛期间前一日比赛的亮点，引发了大范围的讨论，使文案在社交媒体中得到进一步传播，扩大了淘宝的影响力。

图4-2　话题式标题

5. 命令式标题

命令式标题的第一个词一般都是明确的动词，具有祈使的意味，从而让受众感受到查看文案的重要性和必要性，进而产生点击行为。以下为命令式标题的示例。

> 保护膝盖，做这 3 个动作！
>
> 收藏并转发到朋友圈，可获得 ×××
>
> 陪孩子读《三国演义》《西游记》等经典故事，这些功课不能不做

6. 危机式标题

危机式标题主要通过制造危机感，使用夸张或警告的手法让受众产生某种担忧，从而吸引其关注文案内容。注意，危机式标题应基于事实，引导受众改变认知。

图4-3所示的文案就通过使用"您看得见这些室内污染吗？"的标题来引发受众对室内污染问题的思考，使其产生危机感，进而阅读后面的文案内容。

以下为危机式标题的示例。

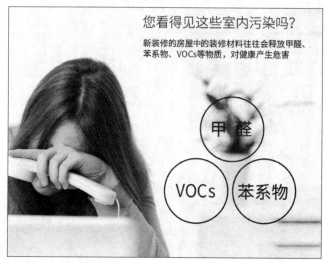

您看得见这些室内污染吗？

新装修的房屋中的装修材料往往会释放甲醛、
苯系物、VOCs等物质，对健康产生危害

甲醛

VOCs　苯系物

图4-3　危机式标题

> 鸡蛋上的脏东西可能被你吃进去了！
> 家长的这种侥幸心理要不得！

7. 对比式标题

对比式标题指通过与同类产品或相似的事物的对比来引起受众的注意。电子商务类文案使用对比式标题一般是为了突出自己产品的特点和优势，加深受众对本产品的认知。以下为对比式标题的示例。

> 小米MIX 2S对比小米MIX 2：拍照篇
> 比起做题和考试，这项学习"软技能"对孩子更重要！

需要注意的是，对比选用的对象应是受众所熟悉的。另外，使用对比式标题要符合事实，不可虚构事实或贬低比较对象。

8. 悬念式标题

悬念式标题通过设置悬念，利用受众的好奇心来引发其对文案的阅读兴趣。注意，设置的悬念应该简单易懂，不能故弄玄虚。

图4-4所示为一篇推荐Excel课程的文案。该文案将Excel用户曾经遇到的操作难点归纳为"灵异"事件，旨在引起受众的好奇和共鸣，获得了大量受众的关注。

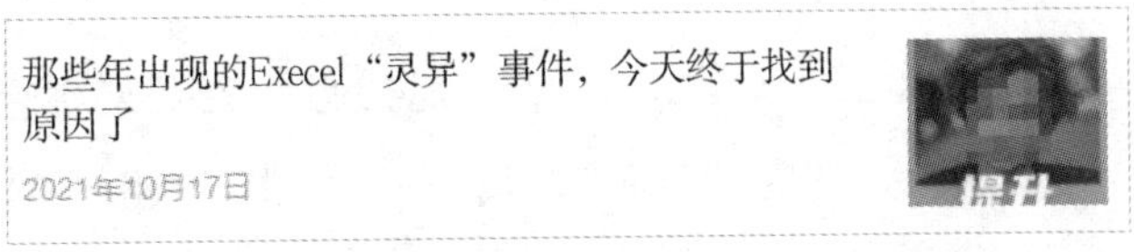

以下为悬念式标题的示例。

那些年出现的Execl"灵异"事件，今天终于找到原因了
2021年10月17日

图4-4　悬念式标题

> 她辞职以后做了自媒体，结果……
> 十年时间账单，看到最后一条泪奔了
> 预防近视的关键，不是"少玩手机"

9. 见证式标题

见证式标题就是以见证人的身份阐释文案内容的真实可信性，增强受众的信任感，既可是自证，也可是他证。见证式标题常使用口述的形式来传递信息，语言自然通俗。以下为见证式标题的示例。

> ××车主试用感受
> 亲测！这款洗面奶超适合痘肌

10. 盘点式标题

盘点式标题常用于技巧或经验分享类的文案。这类标题意在向受众传达可以从文案中获取的有用信息、经验或技能，所以容易受到受众的青睐。创作者在撰写盘点式标题时，可以使用数字强调文章内容的实用性，从而增加文案的阅读量、收藏量和转发量。图4-5所示为盘点式标题的示例。

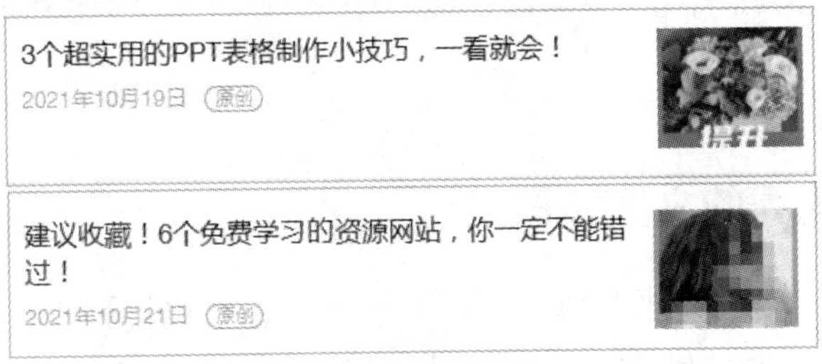

3个超实用的PPT表格制作小技巧，一看就会！
2021年10月19日

建议收藏！6个免费学习的资源网站，你一定不能错过！
2021年10月21日

图4-5　盘点式标题的示例

11. 颂扬式标题

颂扬式标题指用正面、积极的态度，对描述主体的特征、功能进行适度、合理的称赞，以突出描述主体的优点。这类标题容易给受众留下良好的印象。以下为颂扬式标题的示例。

> 只要三十元，×××就能使你的脸变得柔嫩，表现个性美！
>
> 读懂《红楼梦》才知道，古代什么是真正的贵族
>
> 多年老鼻炎有救了！用它一抹，止痒通气，鼻子舒畅又干净

动手做

寻找不同类型的文案标题

表4-1列出了几种不同的标题类型，请利用搜索引擎、微信、小红书等，搜索对应的标题，挑选你认为具有代表性的标题，填入表4-1中。

表 4-1　文案标题列表

标题类型	标题内容
话题式标题	
对比式标题	
悬念式标题	
盘点式标题	

任务二　结合标题写作的常用技巧撰写标题

任务描述

通过分析文案标题类型，小艾找到了适合自己文案的标题类型。为了撰写出优秀的标题，小艾打算结合一些标题写作的常用技巧来撰写文案标题。

任务实施

活动1　撰写优秀的文案标题

经过分析，小艾发现那些能够吸引受众点击、阅读的标题基本上都使用了明确受众的需求、塑造容易产生共鸣的场景等技巧，于是打算尝试使用这些技巧。

1. 明确受众的需求

创作者应在标题中明确产品或服务能满足受众的需求。受众的需求主要包括物质需求和精神需求。

（1）物质需求。创作者可以在文案标题中明确优惠、产品卖点等，引发具有这些物质需求的受众的阅读兴趣。图 4-6 所示为某品牌插座的文案，该文案标题中明确了"安全"这个核心卖点以引起关注安全问题的受众的注意。

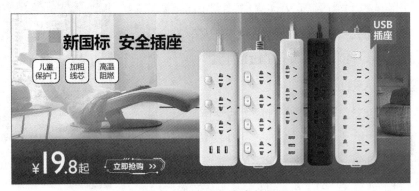

图4-6　体现核心卖点的标题

（2）精神需求。创作者可以借助故事、热点事件、新消息、历史文化、流行等，满足受众在好奇心、新鲜感、亲情、友情、爱情、社会责任感等方面的精神需求。图 4-7 所示为加多宝结合高考话题制作的借势文案。标题为"金榜题名，'加'油争'罐'"，"加"与加多宝的"加"同字，"罐"与"冠"同音，创作者利用谐音，将"争冠"与加多宝产品紧密联系，达到了很好的宣传推广效果。

图4-7　高考借势文案

 知识窗

借势文案主要指借助最新的热门事件、新闻，以此为文案标题创作源头，利用大众对社会热点的关注，引导受众对文案的关注。借势可增加文案的热度，提高文案的点击率、点赞率和转评率等，扩大文案的影响力。

 知识窗

2. 塑造容易产生共鸣的场景

在文案标题中塑造容易产生共鸣的场景能快速传达品牌定位或产品价值，促使受众进行场景联想，打动受众。

图4-8所示为某厨房电器产品的宣传文案，用"突发！闺密团临时造访！"的标题营造了突然来客的场景。这种访客突然到来的事件也经常在日常生活中上演，很容易引起受众的联想与共鸣。文案借此场景体现了产品的重要作用。

3. 借助名人效应

名人效应是因名人的出现所达成的引人注意、强化事物、扩大影响的效应，也指人们模仿名人的心理现象。在"粉丝经济"时代，很多受众都有自己喜欢或欣赏，甚至引以为榜样的名人，如作家、企业家、学者等，这些人往往有一定的粉丝、流量和话题度，因此创作者可以借助名人效应来创作文案标题。

图4-8　塑造场景

> **专家点拨**
>
> 虽然借用名人效应创作电子商务文案标题能增加标题的吸引力，但需要注意的是，不能毫无根据地使用名人效应，同时，文案的正文内容应与名人有关。另外，结合名人元素时禁止夸大其形象，避免引发过度的偶像崇拜。

4. 善用网络流行语

网络流行语指从网络中产生或应用于网络交流的一种语言，大多是由某些社会热点话题或热门事件形成，被网友广泛使用。网络流行语自带热度，如果将网络流行语运用到文案标题或者文案内容中，则可以增强文案的趣味性。

图4-9所示为使用了网络流行语的文案标题。其中"EMO""小确丧"是网络中常见的形容负面情绪的形容词，运用"告别小确丧""不EMO"，即号召受众转换情绪，快乐参与送好礼活动；而另一个则改编自一句广为流传的歌词，说明了镜架的特点，即"360°自由弯曲全脸型适应"。

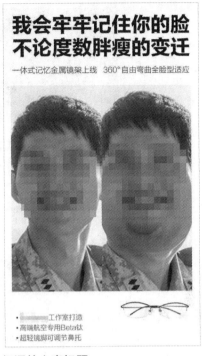

图4-9 使用网络流行语的文案标题

5. 结合数字

数字往往代表某种结论，特别是在描述总结性的数量和销量、折扣、时间、排名等数据时，使用数字更加精确，也更容易让人记住。结合数字的标题如图4-10所示。

扒了超市60款速冻饺子后，我们选出了推荐的

500+期书单合集，一次性打包带走！

图4-10 结合数字的标题

6. 活用符号

符号主要指"！""｜""？""【】"等符号。活用符号可以丰富文案标题的表现形式和增强感情色彩，增强文案标题的吸引力。图4-11所示的文案标题使用了"｜"符号对标题做了区分。

使用符号可以为文案标题增色，但切记不要乱用。常用标点符号中，省略号表示意犹未尽，感叹号表示赞颂、喜悦、愤怒或惊讶等感情，问号表示疑问、设问或反问等。

图4-11　在文案标题中使用符号

👩 **专家点拨**

在写作微信公众号文案或微博文案时，创作者可以使用如"高分"等表示程度的词来增强文案的表现力，但需有真实数据支撑，不能违背客观事实。使用程度词的标题如图 4-12 所示。

图4-12　使用程度词的标题

7. 巧用修辞

比喻、设问、对偶等修辞手法的运用不仅可以增加电子商务文案标题的吸引力和趣味性，还能使标题更有创意。

（1）比喻。

比喻指用某些相类似的事物来比拟另一事物。比喻可以增加语言的生动性和趣味性。将比喻用于文案标题，可化深奥为浅显、化抽象为具体，帮助受众更好地理解产品或品牌的特性。例如，某鸭绒被产品的海报标题为"你恍如躺在洁白的云朵里"，生动地体现了产品轻柔的特质。

（2）设问。

设问指为了强调某部分内容，先提出问题，然后自己回答。设问的作用是引人注意、引发思考。使用设问，有助于使文案标题层次分明、结构紧凑。例如，"没时间上耶鲁大学？参加我们的在家进修课程吧"这一标题就运用了设问。

（3）对偶。

对偶指用字数相等、结构相同、意义对称的一对短语或句子来表达相近或相反意思的修辞手法。采用对偶的文案标题，词句结构对称、音韵和谐，便于记忆且富有表现力，能够鲜明地表现相关事物之间的关系。例如，某银行文案标题为"你未必出类拔萃，但肯定与众不同"。

（4）双关。

双关是指使用多义词或同音（或音近）词，赋予语句双重意思。使用了双关的文案标题具有较强的幽默感，语意深远。例如，某钱包产品标题《你的钱我包了》，既体现了钱包的正常功能，又暗含受众购买产品后，钱将进入商家手中的引申意义，一语双关，如图4-13所示。

（5）拟人。

拟人指赋予事物人的言行或思想感情，用形容人的词语来描写事物。在文案标题中使用拟人手法，可以使描述对象更加生动活泼，提升文案的表达效果。图4-14所示的描述抽屉的文案标题"抽屉常常'监守自盗'"就运用了拟人的修辞手法。

图4-13 采用双关修辞手法的电子
商务文案标题

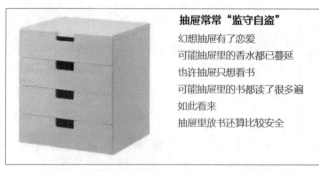

图4-14 采用拟人修辞手法的电子商务文案标题

（6）引用。

创作者可以把诗词歌曲、名言警句、成语典故、俗语方言等引入文案标题，提升文案标题的文化底蕴，给予受众不同的感受。创作者在使用引用修辞手法时，可以直接引用原句，也可以引用原文大意。

（7）对比。

对比指把两种对应的事物对照比较，使事物形象更鲜明，受众的感受更强烈。标题中运用对比可以突显文案主题，表达文案中心思想。

例如，钉钉曾在某地铁站投放了一组标题为"创业很苦，坚持很酷"的地铁文案，如图4-15所示，讲述了26个真实的创业故事，通过"苦"和"酷"两个感情色彩截然不同的词语对比，高度赞扬了坚持梦想、努力拼搏的创业精神，引起了强烈的反响。

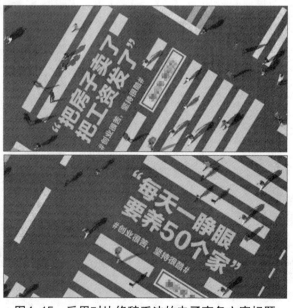

图4-15 采用对比修辞手法的电子商务文案标题

（8）夸张。

夸张指为了增强表达效果，特意扩大或缩小描述主体的形象、特征、作用等的修辞手法。文案标题中的夸张手法常以制造冲突或使用夸张的描述的方法来实现，以表达惊讶情绪，渲染意料之外、新奇、独特的氛围，既能增加语言的生动性，又能突出事物的本质和特征。例如，某家电卖场的文案标题为"上万市民'夜袭'××家电卖场"。"夜袭"二字夸大了该家电卖场的吸引力，也增强了标题的趣味性，令人想一探究竟。

素质提升小课堂

我国颁布了《广告法》，用于规范广告活动，保护消费者合法权益，促进广告业的健康发展，维护社会经济秩序。其中规定了严禁使用极限用语，如"国家级""第一""首个""最先进""独家"等，这些极限用语禁止用于产品标题、副标题、主图、详情页等。广告或其他商业领域的创作者都应遵守《广告法》的相关规范，合法从事商业活动。

动手做

收集文案标题的写作技巧

1. 打开浏览器，输入百度搜索引擎地址，打开百度搜索页面。
2. 在搜索文本框中输入"文案标题写作技巧"或"软文标题写作技巧"，进行搜索。
3. 挑选你认为有用的、实用的技巧，将其整理记录下来。
4. 组成小组，以小组为单位进行归纳，并将文件上传至班级共享文档。
5. 班长汇总整理成一份文档，同学们自行保存收藏该文档。

活动2 避免标题出现问题

在分析的过程中，小艾发现一些文案标题过于追求吸引力，而存在夸大其词、用词不当等问题。为了避免出现类似的问题，小艾打算深入了解相关注意事项。

1. 忌夸大其词

为了吸引受众、提高文案的点击率，一些创作者会在文案标题中过分夸大事实，如《价值百万元的销售秘籍》。虽然这能短暂吸引受众，但长此以往会失去受众的信任，影响品牌或企业在受众心中树立的形象。

2. 避免标题过长

为了彰显信息量，有的文案标题很长，这是不可取的。除个别宣布重大事项的文案外，一般不建议设置过长的标题，以免消磨掉受众的耐心，尤其是广告营销文案，字数应控制在20字左右。为避免标题过长，创作者可在保留核心信息的基础上，删减字数、调换句式，或者用短词语替换长词语等。

3. 避开敏感词

有时候，创作者为了引起受众的注意，可能会在标题中添加一些敏感词。需要注意的是，由于《广告法》的规定及电子商务平台的审查过滤功能，标题中一旦含有"高仿""山寨"等违禁词、敏感词，平台就会将整个标题过滤，受众就无法搜索到相应的文案。另外，标题中还要避免出现如"衰亡"等受众忌讳或讨厌的词汇，这些词不仅会惹来争议，还会削弱受众对品牌的好感。

4. 其他注意事项

撰写文案标题时，还需要注意以下事项。

①标题不是概括全文，而是文章的精华所在，起到吸引受众的作用。

②受众通常会筛选掉那些与自己不相关的或同质化的标题。

③标题应避免出现错别字。

④标题中如果有数字，应用阿拉伯数字，如"一"要换成"1"。

⑤不要重复出现同一个字、词。

⑥标题中不能出现污辱等具有伤害性的词语。

⑦借热点撰写的标题，应该注意热点的时效性。

⑧标题中不要过多地插入虚词。

⑨标题关键词不要涉及过多领域。

动手做

分析标题的误区

1. 打开浏览器，输入百度搜索引擎地址，打开百度搜索页面。

2. 在搜索文本框中输入"文案标题误区"或"软文标题误区"，按【Enter】键进行搜索。

3. 再搜索几篇文案，选择你认为陷入标题误区的文案，仔细阅读和分析，将内容和误区整理在表4-2中，最后总结并分享感想。

动手做

表 4-2　标题误区分析

标题内容	陷入的误区

同步实训　撰写文案标题

实训背景

　　云洱项目负责人将尝试云洱产品的推广与网店的销售，此次推广的重点是产品的上新与中秋、国庆的双节优惠。现在要求文案人员配合活动为推广文案撰写多个有吸引力的标题，文案标题需体现推广主题，并充分调动受众参与的积极性。

实训描述

　　本次实训要求同学们训练撰写标题的能力，以便熟练掌握不同标题的写法。

操作指南

　　回顾本项目所学知识并按照如下的步骤进行实训。

步骤 01 打开浏览器，输入百度搜索引擎地址，在搜索文本框中输入"云南普洱茶"+"中秋"/"国庆"+"促销"，收集十个较为优质的标题，并分析其类型，将收集的内容及分析结果填写在表4-3中。

表 4-3　关于云洱普洱茶相关的优质标题

序号	标题内容	标题类型
例	"双节"同庆，优质的送礼佳品有哪些？	提问式标题
1		
2		
3		
4		
5		

步骤 02 根据步骤01收集的标题类型，按照产品的特点、受户的需求及多种不同类型仿写标题，将内容填入表4-4中。

表 4-4　云洱普洱茶"中秋、国庆"双节促销文案标题

序号	标题侧重点	标题内容
例	价格优惠标题	云洱普洱茶新品上市，原价1099元，现价633元尝鲜！
1	中秋促销标题	
2	节日送礼标题	
3	网络热词标题	
4	提问式标题	
5	新闻式标题	
6	直言式标题	
7	数字型标题	

🧠 成果展示

请同学们展示并交流自己设计的最终标题。

💬 **实训评价**

同学们完成实训操作后，提交实训报告，老师根据实训报告内容，按表4-5进行打分。

表 4-5　实训评价

序号	评分内容	总分	教师打分	教师点评
1	能通过搜索引擎搜索热门标题	10		
2	能较好分辨各种不同标题的类型	10		
3	能灵活使用产品的促销活动信息丰富标题	20		
4	能灵活运用写作技巧	30		
5	能写出较为优质的文案标题	30		

总分：＿＿＿＿＿＿＿

项目总结

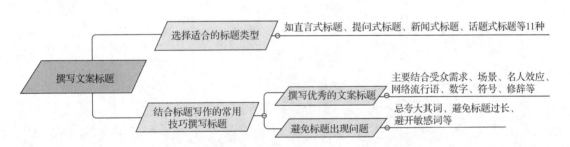

项目五

撰写文案正文

临近国庆节，不少旅游媒体账号发布了出游推荐、景点介绍的相关文案。老李团队也需要尽快为合作的旅游电子商务网站撰写一篇文案，达到吸引更多的人使用该旅游网站提供的服务的目的。在综合考虑之后，这一任务被交给小艾来完成。

老李："小艾，经过这段时间的训练，你的写作水平有了显著提高，希望你能尽快完成此次任务。"

小艾："好的。但我担心文案的转化率不高、跳失率高。"

老李："文案的写作有一定的技巧，你可以对文案的首尾加以设计，增强文案的吸引力。"

小艾："我明白了。"

学习目标

✈ **知识目标**

1. 掌握不同的正文开头写作方法。
2. 了解正文的不同表现形式与结构类型。
3. 掌握不同的正文结尾设计方法。

✈ **技能目标**

1. 能够设计出合适的开头与结尾。
2. 能够熟练安排文案结构，并结合正文写作技巧优化文案内容。

✈ **素质目标**

1. 时刻谨记社会主义核心价值观，拒绝低俗、博眼球、无内涵的内容。
2. 主动维护良好的网络文化环境。

任务一　选择合适的正文开头写作方法

任务描述

　　根据自己的经验，小艾认为具有吸引力的开头能够吸引受众继续阅读正文。因此，她决定参考其他文案开头的写法。她发现正文开头的写作方法与标题的写作方法相似，如直言开头、故事开头、悬念开头等方法。她打算根据确定的文案大纲，为自己的文案选择一个合适的开头写作方法。

任务实施

1. 直言开头

　　直言开头即开头直截了当，直奔主题。例如，推广产品的文案，其开头可直接表明产品的核心卖点；推广活动的文案，其开头可直接描述活动相关信息。另外，创作者还可根据标题设计开头，如标题为疑问句，开头可直接阐释标题问题。这种写作方法常以标题为立足点进行直接说明，避免受众产生落差和跳脱感。

　　例如，某文案标题为"11·11到啦　猜猜今晚的直播有什么活动？"，正文开头是对标题所提问题的回答，如下所示。

　　今晚7点，淘宝直播准时开场，不同体型模特现场试穿，高额无门槛优惠券发送，你还在等什么？

图 5-1 所示为某杂志的促销文案。该文案正文开头直奔主题，表明 2022 全年刊现在开始征订。

图5-1 直言开头

2. 故事开头

文案正文开头的故事，既可以是蕴含哲理的小故事，也可以是与文案主题有关的虚构的故事。创作者在叙述时可以以第一人称为叙述视角，也可以以第三人称为叙述视角。以故事开头的方式有助于增强文案的趣味性，提升受众阅读的兴趣。例如，某植入腾讯视频的文案就是以男女分手作为开头，利用故事吸引受众阅读，以下为以某故事开头的文案示例。

> 他在微信上说
> "我们分手吧。"
> "嗯，好"，我回
> 放下手机，我又埋头做事
> 心里有些空荡荡，却也如释重负
> "并没有特别难受啊，外面天气真好，出去玩吧。"
> 失恋的痛苦并非排山倒海一样猛烈袭击，更像南方冬天的雨
> 一滴一滴，慢慢寒到彻骨

3. 悬念开头

悬念比较吸引人的眼球。创作者可以在文案正文开头设置悬念，激发受众的好奇心，引导受众继续阅读文案内容。制造悬念的方法包括截取戏剧化场面进行描述、利用情感或好奇心理等，充分勾起受众的兴趣和探索欲。以下为以悬念开头的文案示例。

> 我昨天还不知道为什么他要放弃年薪 20 万元的公务员工作，陪老婆在淘宝卖衣服，直到昨天晚上的一席谈话……

4. 名言开头

名言开头即在文案开头精心设计一则短小而精练、扣题又意蕴丰厚的句子，或使用名人名言、谚语或诗词等，以引领文案的内容，凸显文案的主旨及情感。名言一般具有言简意赅的特点，运用得当可以充分展示文案主题，提升文案的可读性和吸引力。例如，推广职业规划相关图书的文案，可以在开头引入"王小波说，人在年轻的时候，最头痛的一件事就是决定自己的一生要做什么"。

图 5-2 所示的文案就是以诗人叶芝的诗开头，给受众以美的享受的同时，还引发了受众的思考，从而加深受众对文案的印象。

5. 提问开头

疑问句总是能引起人们的好奇。以提问开头的优势是可以通过提问的方式自然而然地引入文案的主题，不仅能引起受众的思考，还能使文案主旨鲜明、中心突出。图 5-3 所示为某微信公众号的一篇推文文案。该微信公众号的定位是工具类账号，帮助受众解决职场问题。该文案旨在介绍支付宝的隐藏功能。文案开头通过提问引入主题。同时也引发受众对自己使用支付宝的情况的思考，以引起受众对后文内容的兴趣。

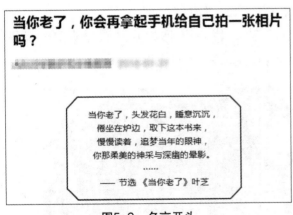

图5-2 名言开头

图5-3 提问开头

6. 修辞开头

在文案开头运用修辞手法可以增强文字的表现效果，让文案开头变得生动。以下为某运动品牌为某篮球运动员复出而撰写的文案，在正文开头运用了排比的修辞手法，不仅使这位篮球运动员为荣誉而战的形象跃然纸上，也与该运动品牌理念相契合。

他不必再搏一枚总冠军戒指
他不必在打破 30 000 份记录后还拼上一切
他不必连续 9 场比赛独揽 40 多分

7. 利益开头

以利益开头的文案对受众有较强的吸引力，即便受众目前并没有购买的需求，但在利益的驱使下，也会选择继续查看相关信息。

图 5-4 所示的文案就是在开头引入优惠信息，激发受众的阅读与购买兴趣。

“11 · 11”提前送福利，谁不薅谁亏！
昨天
“11 · 11”马上就要到了
也想给咱们平台的粉丝送福利
所以最近都在逮着各大出版社使劲砍价
终于功夫不负有心人
我给大家找到了7套好书
涉及人文、历史、数学、科普、英语等各个方面

图5-4　利益开头

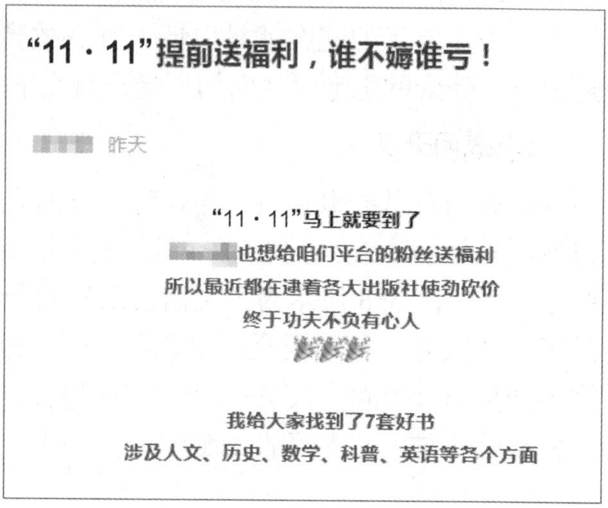

8. 独白开头

独白指通过人物的自思、自语等，揭示人物隐秘的内心世界。文案开头采用独白剖析情感，容易给受众以情真意切、发自肺腑的印象，引起受众的共鸣。

图 5-5 所示为某美妆品牌发布的广告《我，三十岁了》的开头部分截图。该广告通过人物独白的方式讲述了小时候父母对她的教诲。

From the time I was little
You've taught me not to be afraid of anything
妈妈，我怕
Mom! I'm scared
But now as I'm turning 30, I've decided......

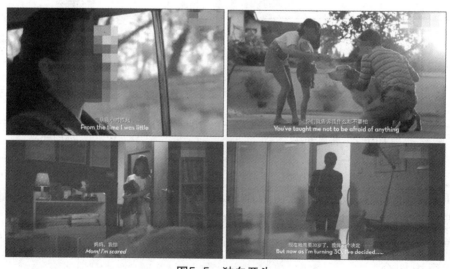

图5-5　独白开头

从我小时候起
你们就告诉我什么都不要怕
妈妈，我怕
不要怕黑
不要怕摔倒
不要怕做自己
不要怕去追寻自己的梦想
现在我就要 30 岁了，我做了个决定……

广告开头从主角的内心独白出发，向观看者传达了一种勇往向前、无惧前行、追求自我的信念，从而让观看者与主人公产生共鸣，激发观看者继续观看的欲望。

专家点拨

独白常被认为是心理活动的真实反映，能有效拉近受众与创作者之间的距离。创作者在设计独白时，需要注意以下 3 点：一是独白的陈述者可以是一个人，也可以是两个人，依情节的需求而定；二是要叙述出相对完整的内心历程；三是语调要富有感情且舒缓亲切。

9. 热点开头

热点即近期讨论度很高的话题，例如，一些已经发生的新闻事件，一些即将到来的节日等。热点的讨论范围较广，因此将热点作为文案正文的开头，可以增强受众阅读的兴趣。图 5-6 所示的文案以当时微博热议的"发际线男孩表情包"话题作为开头。

10. 结论开头

结论开头即在文案开头先得出结论，然后会在正文的后续内容中对开头的结论进行论证。结论开头的文案中心清晰，观点鲜明，受众一下就能知道文案表达的主题。图 5-7 所示为某银行发布的微信文案，该文案先总结了总体的工作情况，然后从不同方面一一进行了论证，结构严密，条理清晰。

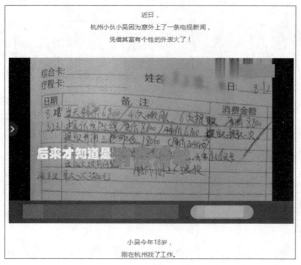

图5-6　热点开头

【绿色发展 · 行助力】践行绿色金融改革 助力经济高质量发展

5天前

行福建省分行深入贯彻生态文明建设战略思想和绿色发展理念，积极发挥金融服务实体经济的"源头活水"作用，为打造绿色金融福建样板贡献" 行力量"。至6月末，绿色融资余额307.39亿元，较年初增长9.76%，其中，清洁能源、节能环保、清洁生产、生态环境产业的融资余额达148.83亿元，较年初增长19.70%。预计可促进企业年节约标准煤700.31万吨，节约水资源318.92万吨。

把握改革契机 助力绿色金改区建设

积极参与三明、南平绿色金融改革试验区建设，先试先行，探索出组织完备、服务优良、人才雄厚、考核

图5-7　结论开头

动手做

设计两种不同的文案开头

父亲节即将到来，请为主营行李箱的品牌设计两种不同的文案开头，文案题材、创意不设限，并完成表5-1的填写。

表5-1　文案开头设计

开头设计	描述
示例：提问开头	为什么母亲节比父亲节来得早 为什么很少和爸爸来个拥抱 为什么说句爱爸爸就是肉麻老套

任务二 突出文案正文特色

任务描述

文案的正文反映了文案的整体质量与特色。为了让文案正文富有特色，小艾打算先确定文案的表现形式，再确定文案的写作结构，然后运用写作技巧优化正文内容。

任务实施

活动1 确定正文的不同表现形式

小艾发现，文案正文的表现形式多样，既有图片式的，也有文字式和视频式的。小艾打算了解不同表现形式的效果，然后确定适合自己文案的表现形式。

1. 图片式

图片式是指以图片为承载形式的文案表现形式，其主要代表为海报文案和H5文案。图片式文案对图片创意与信息选择要求较高，一般要求创作者利用有限的文字传达主题思想和重要信息，如图5-8所示。

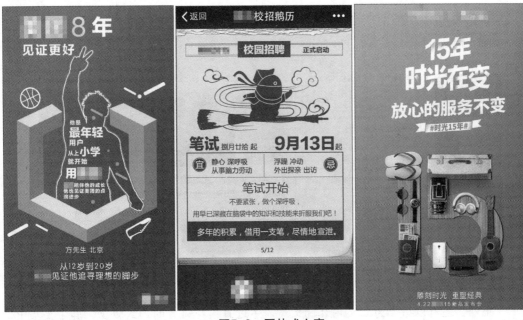

图5-8 图片式文案

2. 文字式

文字式是指以大段的文字输出为主的文案表现形式，包括微信公众号文案、微博长文案、门户网站上的营销软文等。文字式文案篇幅较长，其中有些会穿插图片、小程序等，是现在主流的文案表现形式。

3. 视频式

视频式是指以视频为承载形式的文案表现形式，主要指直播和短视频类的创作文案。小红书、抖音、微博、哔哩哔哩等都可以发布这类文案。视频式文案的正文主要隐藏在视频内容之中，常以创作者讲解的形式出现，受众全部观看完才能窥得全貌。因此制作这类文案时，创作者应注意视频画面要精美，主题要符合受众的审美，标题、封面图及简介文本要有足够的吸引力。视频式文案内容包括新品试用介绍、产品测评、好物分享、知识科普、作品（绘画、音乐等）分享等，主题丰富。图5-9所示为视频式文案的两个例子。

图5-9　视频式文案

专家点拨

此外，还有以语音为正文内容的文案。不过目前纯语音的形式较少，其主要集中在喜马拉雅等专业音频平台中。现在语音多是作为素材，搭配视频、图文展现。

👤 活动2　选择正文的结构类型

紧接着，小艾还需要选择文案正文的结构类型。小艾打算逐一了解递进式、总分式、并列式等常见的结构类型，然后选择适合的结构类型。

1. 递进式

递进式是指按照事物或事理的发展规律以及逻辑关系，一层一层地安排组织材料的写作方式。写作时，往往后一个材料建立在前一个材料的基础上，文案呈纵深发展、逐层推进、逻辑严密的特点。

递进式的写作可以借由议论体或（对话）故事的方式来实现，其写作的重点往往放在文案的后半段。其写作思路倾向于逻辑推理，通过清晰的思维脉络引领受众阅读全文。

> 👩‍🏫 **专家点拨**
>
> 递进式结构可以参考3种写法：一是由现象递进到本质、由事实递进到规律；二是直接讲道理，层层深入；三是提出"是什么"后，展开对"为什么"的分析，最后讲"怎么样"。

例如，一篇名为《中国历史上可怜的职业》的文案就采用递进式结构的故事型写法，先从与人们的生活密切相关的职业这个话题谈起，然后引入历史上可怜的职业——刺客，再从刺客谈到皇帝，引出皇帝也可怜，引起受众的兴趣与好奇。接着层层深入，分析出皇帝可怜的原因在于太后，紧接着巧用"太后"与"太厚"的谐音，引出其产品——超薄笔记本，环环相扣，既出人意料，又在意料之中，令人拍案叫绝。

2. 总分式

总分式结构一般先总结或总起全文，点明主题，然后再分层、分点叙述，呈现出一个发散的结构。采用总分式结构的文案正文可以让受众快速获取自己所需信息，同时还能突出主题，增加文案对受众的吸引力。

"成都景区直通车"微信公众号发布的三星堆游园指南的文案就是这样的结构，第一段总结全文要讲述的内容，接下来展开论述，介绍三星堆相关基础知识和具体的游园指南，包括交通、票务、餐饮等，脉络清晰，将游园的方方面面介绍得十分清楚。

有些文案还会在结尾再加一段总述性的文字，做必要的延伸、归纳总结或深化主题，形成总分总结构。

3. 并列式

并列式结构一般从描述主体的各方面特征入手，不分先后顺序和主次，各部分并列平行地叙述事件、说明事物，各组成部分间相互独立、关系平等。

并列式结构的文案正文各部分关系紧密，共同为文案主旨服务，显得文案知识概括面广、条理性强。例如，产品详情页文案就常采用并列式结构，分点并列介绍产品卖点，各卖点之间没有明显的主次之分，如图 5-10 所示。

图5-10　并列式文案

4. 穿插回放式

穿插回放式结构一般以某物或某种思想情感为线索，通过插叙、倒叙的方式叙述内容，具有超越时空、内容灵活等特点。采用该结构时，需先选好串联内容的线索，然后围绕一个中心点组织内容。

图 5-11 所示为一篇名为《去年的衣服再贵，今年也不喜欢了》的文案。文案正文开头设定了与闺密购物的消费场景，通过与闺密购物聊到消费观，穿插闺密刚入职时有关购物的故事，利用这种穿插回放式结构证实"去年的衣服再贵，今年也不喜欢了"的观点，并借机推广一个购物的小程序。

图5-11　穿插回放式文案

5. 直言式

直言式结构一般直接表述文案主题，如产品的好处、要宣告的事项、想表达的理念或受众能获得的好处等，不拐弯抹角或故弄玄虚。例如，"哥伦比亚咖啡豆大促！"

这种正文结构比较适合海报文案或其他简短文案。

6. 三段式

三段式结构由新闻学中的"倒三角"写法发展而来，这种结构比较适合长文案，主要分为三段（部分）。

（1）第一段：用简洁的语言概述事件的主体、客体、时间、地点等，然后用一句话概括主旨。

（2）第二段：对第一段的内容展开描述，交代详细的背景、过程和相关的细节。重点在于描述事件的前因后果。

（3）第三段：提出观点，升华主题。

这种写作结构可以运用在其他文案中，表现为：第一段总结特点；第二段展开描述；第三段深化主题，促使写作目标达成。图 5-12 所示为一款身体乳的产品详情页文案。该文案第一段总结了应对敏感肌的方法，这也是该产品的特点，第二段分点描述特点，第三段展示了问答和产品对比，强化受众的购买心理，促使受众购买。

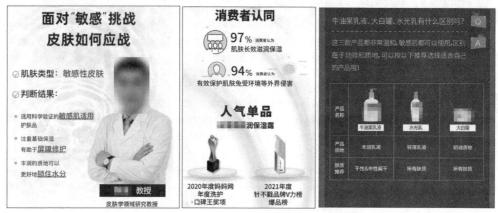

图5-12　三段式写作结构

动手做

分析文案正文的特点

图 5-13 所示为奥美为天下文化 25 周年庆创作的长文案。请同学们阅读文案并回答问题。

不知何时开始，我害怕阅读的人。就像我们不知道冬天从哪天开始，只会感觉夜的黑越来越漫长。

我害怕阅读的人。一跟他们谈话，我就像一个透明的人，苍白的脑袋无法隐藏。我所拥有的内涵是什么？不就是人人能脱口而出，游荡在空气中最通俗的认知吗？像心脏在身体的左边。春天之后是夏天。但阅读的人在知识里遨游，能从食谱论及管理学，八卦周刊讲到社会趋势，甚至空中跃下的猫，都能让他们对建筑防震理论侃侃而谈。相较之下，我只是一台在MP3时代的录音机；过气、无法调整。我最引以为傲的论述，恐怕只是他们多年前书架上某本书里的某段文字，而且，还是不被荧光笔画线注记的那一段。

我害怕阅读的人。当他们阅读时，脸就藏匿在书后面。书一放下，他们就以贵族王者的形象在我面前闪耀。举手投足都是自在风采。让我明了，阅读不只是知识，更是魔力。他们是懂美学的牛顿、懂人类学的梵谷、懂孙子兵法的甘地。血液里充满答案，越来越少的问题能让他们恐惧。他们仿佛站在巨人的肩膀上，习惯俯视一切。那自信从容，是这世上最好看的一张脸。

我害怕阅读的人，因为他们很幸运。当众人拥抱孤独或被寂寞拥抱时，他们的生命却毫不封闭，不缺乏朋友的忠实、不缺少安慰者的温柔，甚至连互相较劲的对手，都不至匮乏。他们一翻开书，有时会因心有灵犀而大声赞叹，有时又会因立场不同而陷入激辩，有时会获得劝导或慰藉。这一切毫无保留，又不带条件，是带亲情的爱情，是热恋中的友谊。一本一本的书，就像一节节的脊椎，稳稳地支持着阅读的人。你看，书一打开，就成为一个拥抱的姿式。这一切，不正是我们毕生苦苦找寻的？

我害怕阅读的人，他们总是不知足。有人说，女人学会阅读，世界上才冒出妇女问题，也因为她们开始有了问题，女人更加爱读书。就连爱因斯坦，这个世界上智者中的最聪明者，临终前都曾说："我看我自己，就像一个在海边玩耍的孩子，找到一块光滑的小石头，就觉得开心。后来我才知道自己面对的，还有一片真理的大海，那没有尽头。"读书人总是低头看书，忙着浇灌自己的饥渴，他们让自己变为敞开的桶子，随时准备装入更多、更多、更多。而我呢？手中抓住小石头，只为了无聊地打水漂而已。有个笑话这样说：人每天早上起床，只要强迫自己吞一只蟾蜍，不管发生什么，都不再害怕。我想，我快知道蟾蜍的味道了。

我害怕阅读的人。我祈祷他们永远不知道我的不安，免得他们会更轻易击垮我，甚至连打败我的意愿都没有。我如此害怕阅读的人，因为他们的榜样是伟人，就算做不到，退一步也还是一个，我远不及的成功者。我害怕阅读的人，他们知道"无知"在小孩身上才可爱，而我已经是一个成年的人。我害怕阅读的人，因为大家都喜欢有智慧的人。我害怕阅读的人，他们能避免我要经历的失败。我害怕阅读的人，他们懂得生命太短，人总是聪明得太迟。我害怕阅读的人，他们的一小时，就是我的一生。

我害怕阅读的人，尤其是，还在阅读的人。

图5-13　"我害怕阅读的人"文案正文

🗑 动手做

1. 《我害怕阅读的人》这篇文案用的是什么结构？

_____

_____

2. 这篇文案正文结构上呈现出怎样的特点？

_____

_____

👤 活动3　运用正文的写作技巧优化内容

老李告诉小艾，运用写作技巧可以让文案正文内容更具特色，直奔主题、让利受众等都是不错的写作技巧。于是小艾打算在了解这些写作技巧后将之运用到自己的文案写作中。

1. 直奔主题

对于电子商务类文案来说，简单明了、直奔主题更符合受众的阅读习惯，也更便于受众获取信息。

图 5-14 所示为某扫地机器人的详情页文案。该文案在正文中直接展示了该产品的性能，让想要购买这款产品的受众快速了解这款产品，并做出消费决策。

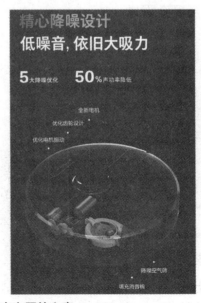

图5-14　直奔主题的文案

2. 让利受众

有些电子商务类文案会在文案正文中注明促销内容，展示受众可以从中获得的优惠，这可以刺激受众在最短时间内消费。图5-15所示分别为微信公众号文案和产品详情页中让利受众的内容。

图5-15　让利受众的文案

3. 符合受众需求

文案内容不能华而不实，而应该符合受众需求，体现生活实用性。例如，现在网络消费的主体受众是"90后""00后"，这些人追求个性化、差异化和便捷的生活方式，文案中应体现这些需求。

图5-16所示的产品文案就从当前女性追剧的需求出发，强调了使用产品的舒适体验，符合受众追求便利与享受的心理。

4. 输出价值性内容

有些受众在阅读文案时比较注重

图5-16　符合受众需求的文案

内容的价值性，因此，创作者可以在文案中输出有价值的内容。对于这类受众而言，文案内容所传递的知识、技巧等的重要性远大于文案本身。

图5-17所示为某穿搭博主发布的微信文案。该文案在推荐产品的同时讲述了比较实用的穿搭方法，有利于增加受众对博主穿搭的信服度，提高购买所推荐产品的概率。

图5-17　输出价值性内容的文案

5. 展现幽默

幽默的文案内容很容易抓住受众的注意力，提高其阅读兴趣，并实现转化，让文案目标受众变成产品消费的受众。创作者可以借助夸张手法、谐音字、调侃语句、网络用语等制造幽默效果。展现幽默的文案如图5-18所示。

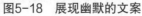

图5-18　展现幽默的文案

专家点拨

此外，以情动人也是撰写文案正文的一大技巧，通过对情感的描述，唤醒受众内心深处的感情，加深文案在受众心中的印象。例如，抒发怀旧之感、满怀激情的文案就运用了以情动人的技巧。

素质提升小课堂

市场上，有些创作者为了吸引受众眼球，在文案中过度调侃，把低俗当作有趣，忽视了受众的观感。这种触碰低俗底线、与社会主义核心价值观背道而驰的文案不仅宣传无效，还会损害品牌形象和企业声誉。创作者应时刻谨记社会主义核心价值观，共同维护良好的网络环境。

任务三 设计正文结尾

任务描述

很快，小艾的写作就到了收尾阶段，她开始思考如何做一个好的结尾设计。她决定综合分析点题式结尾、互动式结尾、自然结尾等的不同写法后再做选择。

任务实施

1. 点题式结尾

点题式结尾就是在文末总结全文，点明中心。有的文案在开头和中间部分只对有关问题进行阐述与分析，简单叙述过程，到结尾时，才将意图点明。

例如，在《电冰箱再袭击》这篇电冰箱宣传文案中，创作者用"你应该感谢冰箱，你的冰箱在夜里静静地填补了你白天的空虚和不满"结尾，将冰箱拟人化，让产品变得有温度，升华了文案主题。

2. 互动式结尾

互动式结尾就是在结尾设置话题，吸引受众参与。其一般采用提问方式，引发受众的思考，提高他们的参与度。微博、微信等注重参与评论的社交平台文案中就常设置话题。创作者应设置一些受众可能会感兴趣的话题，如下所示。

大家都来谈谈收到过什么让你印象深刻的礼物？

通宵读书是怎样的体验？

3. 自然结尾

自然结尾指根据文案的描述自然而然地结束，即在文末不设计含义深刻的哲理语句，不刻意引导或号召消费者行动起来，而是在内容表达完毕，写出想要对受众说的话，自然而然地结束全文。这种写法能让受众感受到文案所要表达的意图，并自己做出判断。自然结尾文案示例如图 5-19 所示。

经常有朋友问我：**选车时在某个配置上纠结，怎么办？**

今天就跟大家聊聊这个话题。一些常会纠结的配置该如何取舍？

还有一些不常被注意的配置，其实值得关注。

强调：以下内容仅服务于**初次购买家用车的入门级用户**，全部从"家用"角度出发，高阶玩家请无视。

下面是首次购车用户常纠结的配置。

1. 导航

这可能是纠结最多的一个选项，答案很简单：没用，不要。

⋯⋯

选车看配置不要贪多，有些东西可能你花钱买了，车开到报废也用不上几次，因此心动之余应多问问自己是不是真的需要。当然，买车这种大宗消费肯定伴随着感性冲动，尽量保持一个冷静的头脑就行。祝大家早日买到合适的车！

图5-19　自然结尾文案示例

4. "神转折"结尾

"神转折"结尾就是用出其不意的逻辑思维，在文案末尾设计一个与前文形成奇怪逻辑关系的结尾的写作方式。这个结尾往往会让人觉得无厘头、出人意料或哭笑不得，但又与前文有一定的逻辑关系，让受众不得不惊叹创作者构思之巧妙。这种写作方式的效果显著，能让受众对文案留下深刻印象。

例如，vivo 曾发布过这样一篇文案，女孩在大学暗恋了一个男生四年，搜集了关于这个男生的一切，写过无数次情书，却没有勇气交到他的手上；毕业后，两人去了两个不同的城市，下一次见面却是在女孩的婚礼上；女孩在婚礼上收到了男生亲手送的礼物，礼物盒里还有一张写着"我把青春耗在暗恋里，多想和你在一起"的纸条；最后文案的结局却是手机广告。具体内容如下。

原来，他是故意安排出差来这里看她，却没想到遇到了她的婚礼。

她从婚礼上追着跑了出去，茫茫人海，她突然在地上看到了他落下的手机。

这个手机型号是 vivo X5Pro，双面 2.5D 弧面玻璃，第一感觉就是无限放大的"美"。当 vivo X5Pro 静静地躺在大理石上的时候，你能感受到它的静谧。而当第一缕阳光从其表面流过的时候，你能感受到它非常特别的魅力……

在结尾，本来大家都会好奇双方的爱情会迎来怎样的结局，结果却是一个手机广告，简直让人猝不及防，这让该广告给受众留下深刻的印象。

5. 佳句结尾

佳句结尾指在文案末尾以一段充满哲理的句子结尾。结尾的佳句可以是自己总结的，也可以是摘自书籍、网络或影视剧的名言警句。佳句结尾可以深化文案主题，加深文案的意蕴，给人以言有尽而意无穷之感。有的佳句还有警醒和启发作用，可以启发受众，从而提高文案的转发率。

例如，某 PPT 网课推广文案的结尾就运用了巴菲特说过的、至今仍引人深思的名言："做你没做过的事情叫成长，做你不愿意做的事情叫改变。"具体内容如下。

每一个让你感觉到舒服的选择，都不会让你的人生获得太大的成长。

而每一个让你感觉不舒服的选择，也并不一定让你获得大家所谓的祝福，

却会让你有机会获得与众不同的体验，寻觅到更多的可行性。

从一个"PPT 制作者"成为一个"PPT 设计者"，难吗？不轻松。

但正在学习阶段的你，连个 PPT 都征服不了，谈什么征服世界？

做你没做过的事情叫成长，

做你不愿意做的事情叫改变。

6. 引导结尾

引导结尾即在结尾诱导受众产生转发、点赞、收藏、留言、点击链接了解产品详情、关注、购买等具体行动的结尾方式。写作时可以借助情感、利益等加强引导的效果。例如，"现在下单，再赠送好礼（三选一）等。

图 5-20 所示分别为引导留言和引导购买的文案结尾设计。

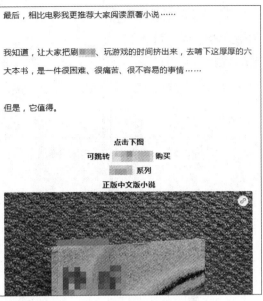

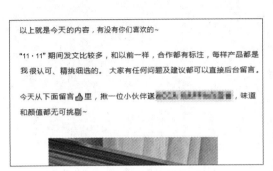

图5-20 引导结尾文案

7. 抒情议论式结尾

以抒情议论的方式结尾，即创作者通过以情动人的写作手法，激起受众内心的情感波澜，并引起共鸣。这种结尾方式有强烈的艺术感染力，多用于故事类文案。例如，芝华士在父亲节推出了一篇宣传文案，部分内容如下。

> 因为你的支票本在我的支持下总是很忙碌。
> 因为我们的房子里总是充满书和笑声。
> 因为你付出无数个星期六的早晨来看一个小男孩玩橄榄球。
> ……
> 因为今天是父亲节。
> 因为假如你不值得送 Chivas Regal 这样的礼物，还有谁值得？

这篇宣传文案的正文描述了主人翁与父亲的点点滴滴，然后采用抒情议论式的结尾，在父亲节写出"因为今天是父亲节。因为假如你不值得送 Chivas Regal 这样的礼物，还有谁值得？"的句子，这不仅让人动容，拔高了品牌的高度，还激起了受众为父亲购买礼物的欲望。

8. 首尾呼应式结尾

首尾呼应指结尾和文案的标题或开头相互照应的写法，其可使文案的结构条理清晰。首尾呼应式结尾一般有两种用法。

（1）直接重复标题或文案的开头，起到强调主题的作用。例如，网易严选在选择退出"11·11大战"时，发布了"要消费，不要消费主义"的文案，希望消费者回归"只买对的"的购物初心，该文案结尾重复标题，首尾呼应，进一步强调了希望大众理性消费的品牌态度。

> 每年这个时候
> 都有人告诉我，你应该这样消费
> ……
> 要我所热爱的生活
> 不由消费主义定义
> 由我定义
> 要消费，不要消费主义

（2）对标题或开头进行解释说明，即文案的标题或开头提出了观点，中间进行分析，结尾则自然而然地回到标题或开头的话题，使得文案浑然一体。图5-21所示为一篇推荐书的微信公众号文案的开头与结尾部分。开头便提出乐高工作法在职场十分有用，并在结尾通过首尾呼应的方式再次强调了乐高工作法是非常有用的工具，使主题更加突出，提升了表达效果。

谈起乐高，我们都不觉得陌生，那些五颜六色的拼块是许多人童年最斑斓的色彩。

但鲜有人知道，乐高除了是一款成功的玩具之外，以它为载体的"乐高工作法"，还可以成为**一种科学有效的咨询方法和战略工具**，成为工作场上的有力助手。

……

如今，人们的生活方式正在发生转变，"工作"这个概念也不再局限于企业现场，个体生命的方方面面都关乎效能。除了上述这些群体之外，乐高工作法也适用于每一个普通的读者。

你可以把乐高工作法应用在生活中，帮助自己梳理生活中的繁杂事务，制订未来的计划等。甚至可以将它应用在家庭之中，改善家庭成员之间的沟通效果，增进彼此的交流。

乐高工作法就是一把钥匙！当大家的手接触到积木时，就像发动了天生技能，每一位参与者都能创造出令自己惊艳的模型，听到意料之外的心声。

图5-21　首尾呼应式结尾的文案

🖐动手做

设计话题讨论式结尾

图 5-22 所示为某套书的推广文案部分示例。文案开头引入同名电影上映，引导受众关注原著；中间通过解析电影"彩蛋"，输出有价值的内容，吸引受众关注；最后引导受众行动。请根据内容重新设计一个话题讨论式结尾，要求能充分引导受众互动。

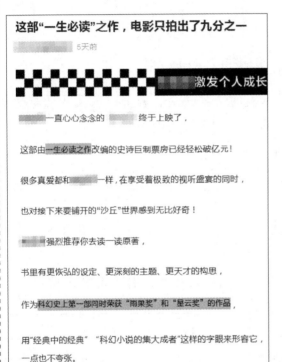

图5-22　文案示例

同步实训　撰写一篇完整的推广文案

💡实训背景

中秋、国庆双节将至，云洱项目负责人将尝试云洱产品的网店销售，此次促销活动有两个亮点，一个是首次上新云洱产品的新品优惠，该产品市场指导价为 1098 元，中秋上新优惠价为 699 元；另一个是中秋、国庆双节加购第二件 5 折，优惠力度巨大，现在要求文案人员配合活动撰写有吸引力的推广文案，文案标题需体现推广主题并充分调动受众参与的积极性。

📋 实训描述

本次实训要求根据产品的特点，结合中秋、国庆双节的优惠活动，依照实训四的文案结构，对标题、正文、开头和结尾分别进行设计，撰写一篇完整的推广文案。

🔧 操作指南

回顾本项目所学知识并按照如下的步骤进行实训。

步骤 01 梳理思路并撰写标题。考虑本次的文案受众、偏好，以及活动与受众的相关利益，根据受众定位文案内容，并根据内容撰写标题。

例：云洱普洱茶礼盒上市，请签收今秋祝福！

请写下你设计的标题：_____

_____

步骤 02 确定文案的正文结构。要求充分了解结构的特点，并阐述使用该结构搭建正文的大体思路。

例：开头体现文案主题，引入产品，阐述产品特色，引导用户购买。

请简要描述你选择的结构：_____

_____

步骤 03 撰写文案开头。节假日一直是人们关注的热点，文案开头可从节日礼品选择开头，引出产品。

例：茶常在空闲或者招待朋友时饮用，适合交友慎重、喜爱闲适生活的人饮用。因此，茶也常被用来当作友情的象征。

请写下你设计的开头：_____

_____

步骤 04 撰写文案正文。这部分内容是文案的核心，可根据项目三同步实训中的文案提纲进行扩展，请根据文案提纲内容扩展正文内容。

正文内容扩展：

产品介绍：_____

_____

生长环境：_____

_____

产品卖点：_____

_____

产品用途：_____

_____

同类对比：_____

_____

细节展示：_____

_____

客户反馈：_____

_____

引导转化：_____

_____

步骤 05 再次点明主题，传递祝福。

例：传递祝福，云洱新品礼盒上新，欢迎您到官方旗舰店了解选购。

请写下你设计的结尾：_____

_____

步骤 06 完成整篇文案的设计，将开头、正文、结尾进行拼接，查看并优化文案，完成其中部分文案的图片化、视频化，并存储起来，请将文案的可视化内容进行记录，填写表5-2。

表5-2　文案图片与视频优化

序号	文字文案内容	转化形式
例	云洱普洱茶的生长环境部分	图片（四张细节展示）
1		
2		
3		
4		
5		

成果展示

请同学们在下面的空白部分展示自己设计的文案，并将自己在实训过程中碰到的问题记录下来。

实训评价

同学们完成实训操作后，提交实训报告，老师根据实训报告内容，按表5-3所示的内容进行打分。

表 5-3　实训评价

序号	评分内容	总分	教师打分	教师点评
1	能根据产品的促销信息设计合理标题	20		
2	能通过合理的方式引出文章开头	15		
3	能正确通过设计的文案结构扩展正文内容	40		
4	能巧妙地将引导购买内容置入文案	10		
5	能用合理的方式设计文章结尾	15		

总分：＿＿＿＿＿＿＿＿

项目总结

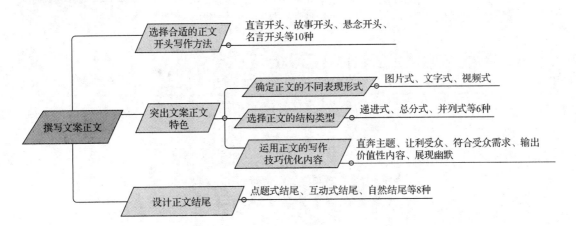

项目六

写作并排版店铺推广文案

情境创设

　　某企业开设了一家品牌网店，并委托特讯运营代运营网店，这为企划部增添了新的工作。很快，小艾被安排为该网店写作并排版店铺推广文案。

　　小艾："老李，店铺推广文案主要涉及哪些方面呢？"

　　老李："主要包括写作产品详情页文案、店铺海报文案、上新之类的店铺活动文案。"

　　小艾："写这类文案和之前的文案有什么区别吗？"

　　老李："差别不大，不过，店铺推广文案主要围绕产品卖点和店铺活动来开展，你和我一起写吧。"

学习目标

知识目标

1．了解提炼以及展现产品卖点的方法。

2．掌握详情页文案的写作方法。

3．学习不同的店铺推广文案的写作方法。

技能目标

1．能够关联受众痛点与产品卖点。

2．能够写作详情页文案。

3．能够熟练写作店铺海报文案、店铺上新文案等。

素质目标

1．培养企业精神，关注店铺与品牌形象的塑造。

2．树立细心谨慎的工作态度。

3．培养自己的审美意识，提升自己的排版水平，以高质量的文案服务受众。

任务一 了解产品并提炼卖点

任务描述

网店计划上架几款新品，小艾打算先为这几款产品撰写详情页文案。为了写好详情页文案，小艾需要先了解产品并提炼产品卖点。

任务实施

活动1 采用不同方法提炼产品卖点

老李告诉小艾，FAB 法则和产品属性提炼法是较为常用的提炼产品卖点的方法。小艾打算学习这两种方法，使用这两种方法来提炼产品卖点。

1．FAB法则

FAB 法则，即属性（Feature）、作用（Advantage）和益处（Benefit）法则，它是一种说服性的销售技巧，常用于提炼产品卖点。表 6-1 所示为 FAB 提炼产品卖点的方法及运用。

表 6-1　FAB 提炼产品卖点的方法及运用

组成	解释	运用（以炒锅为例）
属性 （Feature）	代表产品的特征、特点，主要从产品的材质、制作技术、体积、功能等角度进行挖掘，如超薄、体积小、防水等	抗菌不锈钢材质、智能控温
作用 （Advantage）	代表产品的优点及作用，可从产品特色和受众关心的问题展开联想，如方便携带、耐用	不粘锅、少油烟、抗菌
益处 （Benefit）	代表产品能带给受众的利益，需以受众利益为中心，激发其购买欲望，如视听享受、价格便宜	易清洗、健康节能

2. 产品属性提炼法

与 FAB 法则不同的是，产品属性提炼法根据产品的各种属性来提炼卖点，包括价值属性、形式属性、期望属性和延伸属性。

（1）产品价值属性。这是指产品的使用价值，是产品本身具有的能够满足受众需求的属性。例如，洗衣机的产品价值属性为洗涤衣物。

（2）产品形式属性。这是指产品使用价值得以实现的形式或目标市场对某一需求的特定满足形式，包括质量、外形、手感、重量、体积、包装。

（3）产品期望属性。这是指产品满足受众期望的一系列条件。不同的受众有不同的期望，例如，除了洗涤、甩干，有些受众还希望洗衣机具有烘干、消毒等功能。

（4）产品延伸属性。这是指产品的附加价值，如品牌、荣誉、服务、承诺等。

专家点拨

许多创作者在提炼卖点时也经常使用要点延伸法（已在项目二阐述），用以在详情页中详列产品卖点。创作者熟练掌握该方法，可以细分产品优点，找出核心卖点，提升产品的竞争力。

动手做

提炼汉服产品的卖点

扫码右侧二维码，可以查看某汉服产品的相关信息素材。请分析素材，提炼出该产品的卖点。

拓展阅读

汉服素材

_____

_____

活动2　确定展现产品卖点的方法

提炼出卖点之后，小艾开始思考如何展现卖点。在分析其他品牌的产品详情页后，小艾总结了6个展现产品卖点的方法，包括展现产品品质、突出产品功能等。

1. 展现产品品质

产品品质是受众决定是否选购产品的主要因素之一。只有保证产品品质，才能让受众对产品抱有信心。图6-1所示为一款关于水壶产品品质的文案。该文案通过产品细节的展现来体现产品质量。

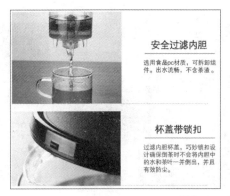
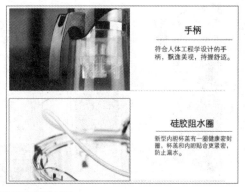

图6-1　展现产品品质

2. 突出产品功能

受众购买产品，实际上是购买产品所具有的功能和产品的使用性能。例如，购买汽车是为了代步。如果产品的功效与受众的需求相符合且超出了受众的预期，就会给他们留下良好的印象，从而得到受众的认可。

图6-2所示为一款扫地机器人的产品卖点展示。该款扫地机器人不仅能拖地，而且非常智能、先进，可以强力杀菌、全面清扫，功能非常强大。

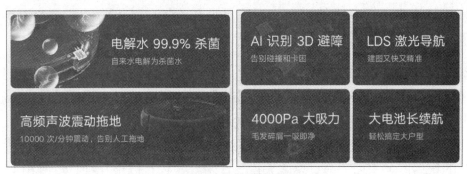

图6-2　突出产品功能

3. 突显性价比

性价比就是产品的性能和价格之比。产品的性能或配置高、功能全面，而价格又较低，则代表性价比很高，受众便趋于购买。例如，红米 Note11 5G 手机在配置上采用了双卡双 5G、天玑 810 处理器、立体声双扬声器、X 轴线性马达、5000mAh 大容量电池、33W Pro 快充等，旗舰机配置，功能全面升级，但售价仅 1199 元起，是性价比非常高的一款机型，如图 6-3 所示。

图6-3　突显性价比

4. 体现品牌优势

品牌在一定程度上代表着产品的质量，以及能够带来的更多的附加价值。如果产品品牌知名度较高，或可以关联知名品牌，那么在进行产品卖点展示时，就可以重点体现品牌优势。

5. 体现特殊性能

特殊性能指产品所具有的能够满足受众特殊需求的性能。例如，某品牌发现青少年学生患近视的比例较高，为满足家长保护孩子视力的要求，设计了渐进多焦点镜片。

6. 展现完善的售后服务

售后服务就是在产品出售以后所提供的各种服务活动。随着人们消费观念的不断成熟，受众也将售后服务作为判断产品是否值得购买的前提条件之一。售后服务完善的产品更能吸引受众购买，甚至会直接影响受众的购买行为。不同产品的售后服务有所差异，总体来说，其内容大致有以下几种，如图 6-4 所示。

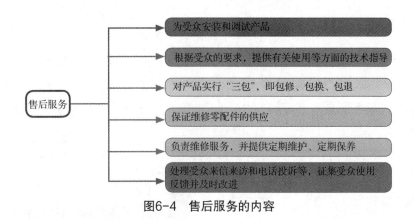

图6-4　售后服务的内容

任务二　分析受众画像

任务描述

对于网店来说，产品卖得好不好，能不能抓住受众的购买需求很重要。因此在撰写详情页文案前，小艾打算先分析店铺的受众画像，使卖点更贴合受众需求。

任务实施

👤 活动1　提炼受众的属性特征

绘制受众画像需要提炼受众属性特征。受众属性特征主要包括受众固定特征、受众兴趣特征、受众社会特征、受众消费特征和受众动态特征等，如图 6-5 所示。小艾将从这 5 个方面来提炼受众属性特征。

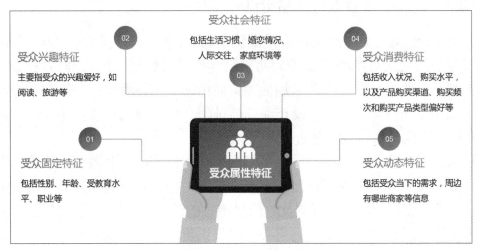

图6-5　受众属性特征

👤 活动2　为受众贴标签

在提炼出受众属性特征后，小艾将根据这些特征为受众贴标签，用标签分类受众。贴标签既可以针对某个受众，也可以针对受众群体，在商务活动中常以后者为主，最终形成一个基础的受众画像。图 6-6 所示的受众画像就是由不同标签组成的。

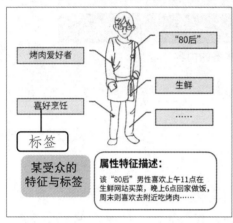

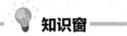

图6-6　为受众贴标签

> **💡 知识窗**
>
> 标签通常是人为规定的高度精练的某种特征标识。一种标签代表一种含义，一个标签可选择性地对应一个或多个属性特征。
>
> **💡 知识窗**

👤 活动3　关联受众痛点与产品卖点

得出受众画像之后，小艾准备挖掘受众痛点，并关联受众痛点与产品卖点。

痛点是指受众对产品或服务的期望没有被满足而造成的心理落差或不满，这种不满最终使受众产生痛苦、烦恼等负面情绪。创作者可以将产品功能与能解决受众痛点联系在一起，借助产品品质证明、与竞争对手对比等，消除阻碍受众选购产品的某种顾虑，进而刺激受众购买。

例如，对于婴儿纸尿裤，受众可能会存在担忧产品"吸收慢、容易漏"的痛点，而本产品有"干爽防漏"的卖点；这时，创作者便可以通过产品的吸水展示，以及与市场上其他产品对比，凸显产品的该卖点，解决受众的这种担忧，进而增强受众对自身产品质量的信心，促进销售。关联受众痛点与产品卖点示例如图 6-7 所示。

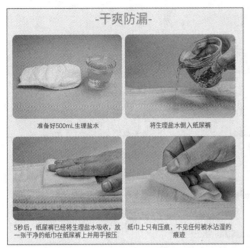
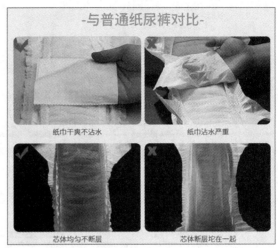

图6-7　关联受众痛点与产品卖点示例

专家点拨

痛点的挖掘并不容易，创作者需要在了解自己和竞争对手的产品或服务的基础上，结合受众需求进行差异化分析。痛点往往是一些受众非常关心的细节问题，创作者需要认真观察和思考。

任务三　写作详情页文案

任务描述

根据观察与对比分析，小艾发现详情页文案分为产品属性文案、产品卖点文案和附加文案三个部分。她据此分解了自己的写作过程，计划依照该顺序写作详情页文案。

任务实施

活动1　写作产品属性文案

小艾首先写作产品属性文案。产品属性文案主要介绍产品基础信息，小艾打算从产品的名称、规格、款式、重量等方面着手。

不同的产品，其属性文案有所不同，但都立足于产品本身基础信息。例如，挎包产品属性文案包括产品名称、货号、颜色、开口方式、产品净重、内部结构、肩带高度等信息，如图 6-8 所示。

品牌名称：

产品参数：

品牌：	质地: 牛皮	皮革材质: 牛剖层移膜革
闭合方式: 锁扣	图案: 纯色	风格: 欧美时尚
形状: 横款方形	成色: 全新	流行元素: 车缝线
颜色分类: 椰壳棕 皓玉白	内部结构: 拉链暗袋 证件位	有无夹层: 有
上市时间: 2020年秋季	是否可折叠: 否	货号:
背包方式: 单肩斜挎	适用场景: 休闲	里料材质: 涤纶
适用对象: 青年	提挎部件类型: 锁链式提把	箱包外袋种类: 带盖袋
箱包硬度: 软	款式: 单肩包	大小: 中
流行款式名称: 其他	销售渠道类型: 纯电商(只在线上销售)	

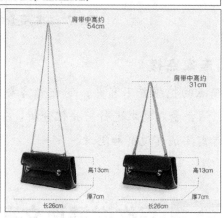

图6-8　挎包产品属性文案

👤 活动2　写作产品卖点文案

产品卖点是受众关注的重点，因此产品卖点文案也是详情页文案的重要组成部分。在写作该部分文案时，小艾打算重点展示产品焦点图、产品功能及设计、产品使用详情、产品细节、品质认证、产品优惠等内容。

1. 产品焦点图

产品焦点图一般较精美（见图6-9），具有一定的视觉吸引力，用于吸引受众注意或推荐产品。产品焦点图通常指位于产品详情页中的第一张图片。

> 👤 **专家点拨**
>
> 产品焦点图还可出现在店铺首页，一般以图片组合轮播的形式出现，用于显示店铺的优惠信息或主推产品。

图6-9 产品焦点图

2. 产品功能及设计

产品功能及设计主要介绍产品的不同功能、产品的内部结构设计等。例如，创作者可以介绍电炖锅的功能，如预约煮饭、少量炖煮、古法隔水柔炖等，还可以展示锅的配件、运行原理、内胆结构等，如图 6-10 所示。

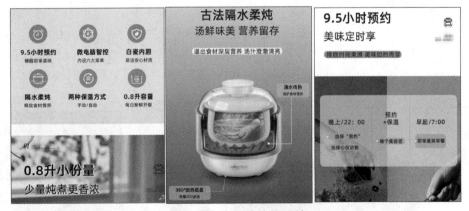

图6-10 产品功能及设计

👩 **专家点拨**

如果是香氛等产品功能较单一的产品，创作者则可以分别介绍该产品不同香味的详情，以供受众选择。

3. 产品使用详情

产品使用详情常涉及产品的使用场景、产品的使用操作步骤、产品的使用效果，以及产品的安装步骤等，视产品具体情况而定。例如，创作者在描述桌子的使用详情时，可以展示桌子在学习、用餐、休憩、办公等不同场景中的使用情况，也可以展示桌子的安装步骤或其他买家的安装过程（以证明安装简便快捷）等，如图 6-11 所示。

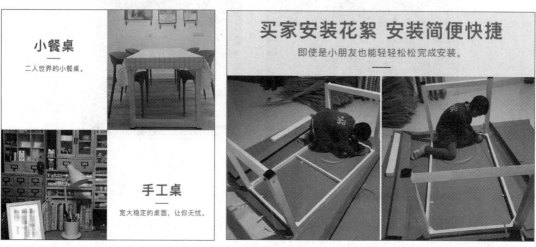

图6-11　产品使用详情

4. 产品细节

网络购物并不能看到实物，受众无法获知产品细节信息。因此，在产品详情页文案中展示产品细节，不仅可以体现产品品质，还可以打消受众疑虑。图 6-12 所示为挎包的细节展示文案部分示例。

图6-12　产品细节

5. 品质认证

在产品详情页文案中，一般通过展示产品质检证书、品牌荣誉或实体门店等对品质进行认证。图 6-13 所示为某护肤品的产品检测与品牌实力说明，有效彰显了产品质量。

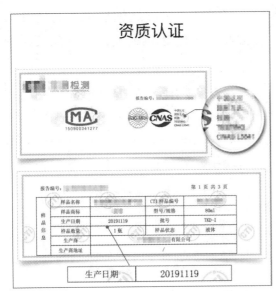

图6-13　品质认证

6. 产品优惠

为了吸引受众，许多店铺会设置优惠，如赠送礼品、打折、抽奖等信息，并展示在产品详情页中的醒目位置，如图 6-14 所示。尤其在"11·11"等大促时期，展示产品优惠可以起到促进购买、提高转化率的作用。

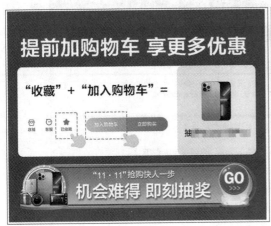

图6-14　产品优惠

活动3　写作附加文案

最后，小艾开始写作产品的附加文案。经过总结，小艾发现附加文案的内容主要是包装、注意事项、售后、附加服务等，用于补充卖点信息，提升产品的吸引力，于是她将从这些方面着手撰写文案。

（1）包装。包装会影响快递开箱体验。对于看重物流运输质量或有送礼需求的受众来说，高品质的包装非常重要。如果产品有好的包装，可以在文案中展示。

（2）注意事项。注意事项主要包括常见的疑问解答、店铺公告、产品使用与保养方面的禁忌或注意事项、卖家的免责声明、补充说明等，如图6-15所示。

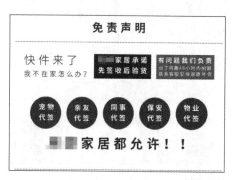

图6-15　注意事项

（3）售后。售后包括物流、发货、退换货情况，以及发票的开具、是否提供免费安装或有偿安装的收费标准、保修条件与期限等。图6-16所示为家用电器的安装与保修说明。

常见问题 >	物流发货 >	退换货 >	关于发票 >	安装与保修 ⌄

产品大类	是/否上门服务	保修内容
电饭煲	否	整机保修1年，内胆保修1年，附件（可拆卸式电源线、饭勺、量杯等）不在保修范围内
炒菜机	否	整机保修1年，内胆保修1年，附件（可拆卸式电源线、饭勺、量杯等）不在保修范围内
电压力锅	否	整机保修1年，附件（饭勺、量杯等）不在保修范围内，可拆卸式电源线不保修
电热水壶	否	整机保修1年，可拆卸式电源线不保修
净饮机	保修期间内区地级市以上城市距离网店单程30千米内提供上门	整机保修1年，滤芯不保修

图6-16　安装与保修说明

（4）附加服务，如免费代写贺卡、免费刻字等。

任务四 写作店铺活动文案

任务描述

为了增加店铺流量，促进新品销售，企划部与营销部将共同开展一系列营销活动。老李告诉小艾，接下来，她需要完成店铺海报文案、店铺上新文案、店铺促销文案和店铺推广文案等的写作。

任务实施

活动1 设计店铺海报文案

为了宣传新品，小艾需要根据发布的一系列新品设计店铺首页的海报文案。

海报文案是商家用于向受众展现产品与店铺形象的一种广告，通常由主标题、副标题、描述信息等组成，语言要求简明扼要。

（1）主标题通常突出醒目，是文案的诉求重点，多为产品最大卖点或文案主题。

（2）副标题多为辅助性描述，补充主标题，多为产品的二级卖点。

（3）描述信息包括产品细节描述、产品促销信息等。

图6-17所示为位于店铺首页的产品海报文案，主标题为"务实主义"，副标题为"V6沉稳的黑色宣示着一贯的务实精神"，描述内容中"指纹""密码""钥匙""触屏"是产品的卖点，"¥2198/原价3180元"是产品的促销信息。

图6-17 产品海报文案

专家点拨

海报文案不要求必须包含主标题、副标题、描述信息。有的海报文案只有主标题，有的海报则没有标题，只有描述信息。

动手做

为女装店设计"11·11"海报

1. 打开淘宝网，在搜索文本框中输入"羊毛大衣"，单击"搜索"按钮，在打开的页面中任选一家店铺，进入店铺首页。

2. 在店铺导航栏中选择"所有宝贝"选项，从中选择一款你认为具有代表性的羊毛大衣产品，点击进入该产品的详情页，选择一张无文字的产品图片，将其下载下来，作为海报中的产品展示图，置于海报左侧或作为海报背景底图。

3. 现假设你是该淘宝店的文案人员，请使用PowerPoint编辑该图片，设计海报文字内容，要求体现"11·11"的节日氛围、店铺折扣和折扣持续时间。

活动2　设计店铺上新文案

接下来，小艾还需要为新品设计店铺上新文案，以便营运人员宣传产品。

店铺上新文案一般包括上新时间、品类、价格、上新优惠、产品图等，多以图文的形式呈现。

图6-18所示为店铺上新文案，第一篇介绍了上新单品，第二篇预告了上新产品品类，第三篇展示了上新优惠和上新产品图。

图6-18　店铺上新文案

活动3　设计店铺促销文案

产品上线已有一段时间，但店铺销量很低，为了促进销售，企划部决定开展全店限时折扣活动，并要求小艾根据活动要求设计店铺促销文案。

店铺促销文案是商家为了促进产品的销售，重点展示降价、打折、满减、×元换购、积分换购、预售减免、买即赠等促销信息的文案，以在特定时间内冲击产品销量。促销的途径多种多样，因此促销文案的设计也比较灵活。

店铺促销文案的重心在于优惠。创作者在设计时可给出产品规格、功能或情感价值，结合活动信息，强调优惠力度，营造出一种购买的紧迫感。例如，"买100元送50元券""满99元返100元券""先付5元定金，抵扣40元"等。

图6-19所示的文案就是借助分享送券、叠券满减、签到有礼、盖楼送券、定金抵扣等优惠手段开展促销活动。尤其是第一篇文案中展现了多种活动形式，可以看出促销活动力度很大，对受众具有很强的吸引力。

 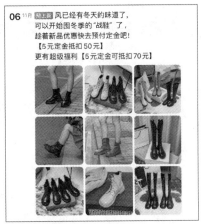

图6-19 店铺促销文案

图6-20所示为某店铺在"11·11"期间发布的产品促销海报文案，展示了"买1套赠1套"的促销活动。

图6-20 店铺产品促销海报文案

动手做

设计店铺促销文案

"××"是一家主打文艺、森系风格的鞋店，该网店预计清仓许多断码单鞋、长短靴，预计 11 月 11 日零点开售，如图 6-21 所示。请使用 PowerPoint 为其设计店铺促销文案，要求体现清仓的优惠力度。

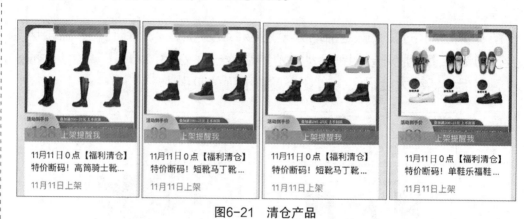

图6-21　清仓产品

活动4　设计店铺推广文案

经过几次促销活动之后，店铺的销量有了起色，但整体流量并没有达到理想的状态。为了进一步推广店铺与品牌，企划部要求小艾撰写店铺推广文案。

推广活动的目的是推广品牌或产品。在写作时，应注意突出品牌或产品的特点、价值，以吸引受众的注意，加深受众的印象，达到推广目的。另外可辅以抽奖和集赞，如关注＋转发抽奖、转发集赞等达到扩大传播的目的。

例如，"步履不停"是一家主打文艺，追求简洁、舒适的淘宝店，定位为"明朗的文艺青年""有行动力的文艺青年"。"步履不停"靠着出彩的文案打响了名声，获得许多女青年的喜爱。以下为"步履不停"的部分推广文案，充满文艺气息。

你写 PPT 时，
阿拉斯加的鳕鱼正跃出水面；
你看报表时，
白马雪山的金丝猴刚好爬上树尖；
你挤进地铁时，
西藏的鹰一直盘旋云端；

你在回忆中吵架时，

尼泊尔的背包客一起端起酒杯在火堆旁。

有一些穿高跟鞋走不到的路，

有一些喷着香水闻不到的空气，

有一些在写字楼里永远遇不到的人。

专家点拨

此外还有专门的活动文案，如公益活动文案、庆祝活动文案等。完整的活动文案一般包括活动时间、活动原因、活动目的、活动规则（活动参与方式、评比方式、活动奖励等）、主办方和活动补充说明（如宣传推广图、奖励展示、转发抽奖等）。具体内容可扫描右侧二维码查看。

拓展阅读

活动文案

素质提升小课堂

随着电子商务的规范化发展，文案的宣传用语也应符合活动实情，勿欺骗受众。创作者在撰写店铺文案时注意全面了解活动，细心谨慎，及时更换与产品相适宜的文案进行宣传，用高质量的文案服务受众。

任务五 做好图文搭配

任务描述

店铺经营需要的各类文案中，图片占据了很大的部分。小艾接下来将持续承担店铺文案写作工作。为了进一步提升文案的吸引力，老李要求小艾务必做好图文搭配，以优化文案创作。

任务实施

活动1 学习图文搭配技巧

好的图文搭配通常需要图片、文字和色彩的完美结合，做到重点突出、层次分明、版面和谐。为此，小艾打算了解图文搭配要求，学习图文排版技巧。

1. 图文搭配要求

图文搭配通常需满足以下要求。

（1）图片的选择要贴合产品卖点，应尽量通过画面设计或文字搭配展现卖点。

（2）产品和文字都在适当的位置，具备美感，整体排列有序。

（3）图片和文字描述应高度贴近现实。

2. 图文排版技巧

创作者可以利用对齐、对比等排版技巧来满足图文搭配要求，使整个图文和谐美观、重点突出，提升整个文案的视觉效果。

（1）对齐。对齐是文案中基础的排版设计。如果产品图片需要左右摆放，那么创作者可以考虑使用左文右图、左图右文或居中对齐的排列方式。

- **左文右图**。左文右图指文字在左、产品图片居右的排列方式，有利于突出文字，如图6-22所示。

- **左图右文**。左图右文指产品图片在左、文字居右的排列方式，有利于突出产品图片，如图6-23所示。

- **居中对齐**。居中对齐能让受众视线居中。当图片中的主体位于中央时，可以使用居中对齐的排列方式，让文字也居于中央，从而聚焦受众目光，增强画面层次感与空间感，如图6-24所示。

图6-22 左文右图

图6-23 左图右文

图6-24 居中对齐

（2）对比。对比主要是为了提升整个文案的视觉效果，并突显重点部分。通过设置疏密、设置字体大小与粗细、添加底纹、调整文字透明度和设置颜色等可以实现对比。

- **设置疏密**。这指通过调整字间距、行间距，优化排版效果。需注意，间距不能过大，以免让受众觉得松垮；间距也不能过小，以免让受众感觉排列紧密，图文设计不美观。

- **设置字体大小与粗细**。创作者可以加粗或放大重要信息字号，如核心卖点、优惠信息等，使文字呈现出粗与细、大与小的对比，从而使得文案主次分明。
- **添加底纹**。设计图文排版时，创作者可以通过为关键文字添加底纹，突出关键信息。
- **调整文字透明度**。设置不同透明度可使文案产生明暗对比，优化文案排版设计。
- **设置颜色**。创作者可以为文案中的文字、底纹等设置不同的颜色，提升视觉效果。

图6-25所示的海报选择了产品的家装效果图作为文案背景，图片清晰美观，通过字体颜色、大小、间距，以及图片本身的明暗对比，突显了产品的品质。

图6-25　文案示例

活动2　排版

拓展阅读

使用创客贴排版

　　小艾需要为某网店的"12·12"活动海报文案进行排版，增加海报的美观度，吸引受众点击。目前的图文排版软件有很多，其中创客贴提供了多种模板，并且提供了在线设计和编辑，非常方便。因此，小艾打算使用创客贴设计并排版"12·12"活动海报文案，具体操作如下。

步骤 01 登录创客贴官网，单击"设计场景"栏下的"自定义尺寸"按钮＋，打开"自定义尺寸"对话框，设置尺寸为900px×500px，并单击"创建设计"按钮 创建设计 ，如图6-26所示，新建空白画布。

图6-26　新建空白画布

步骤 02 在新建画布左侧的功能区中单击"背景"选项卡，选择"自定义背景"选项，打开"打开"对话框，选择"背景.png"图片（配套资源:\素材文件\项目六\背景.png），单击"打开"按钮 打开(O)，如图6-27所示。

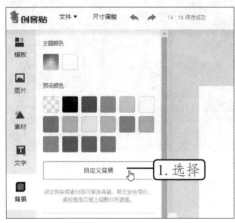
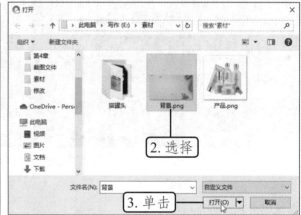

图6-27　添加图片为背景

步骤 03 文案背景效果如图6-28所示。单击左侧功能区中的"上传"选项卡，在打开的页面中单击"上传素材"按钮 上传素材，打开"打开"对话框，选择"产品.png"图片（配套资源:\素材文件\项目六\产品.png），单击"打开"按钮 打开(O)，上传产品素材。单击上传的素材，将其插入编辑区，如图6-29所示。

步骤 04 将鼠标指针移动到图片右下角，单击并拖动鼠标调整图片大小。选中图片，单击并移动鼠标，调整图片位置。

图6-28　文案背景效果

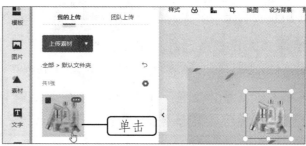

图6-29　添加产品图片

步骤 05 在左侧功能区中单击"文字"选项卡，选择"点击添加标题文字"，插入文本框，双击修改文字为："12·12"狂欢　年终献礼。使用同样的方法添加文字"不止即刻保湿 长效护肤""至高买1享21""满599元立减100元""抢先付定>"，如图6-30所示。

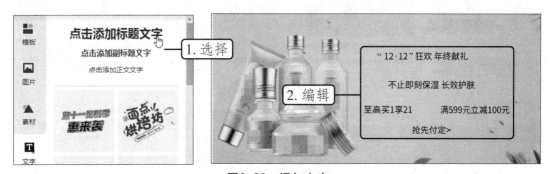

图6-30　添加文字

步骤 06 在上方工具栏设置第一行文字的字体格式为"黑体，40"，然后将字号加粗到50，如图6-31所示。

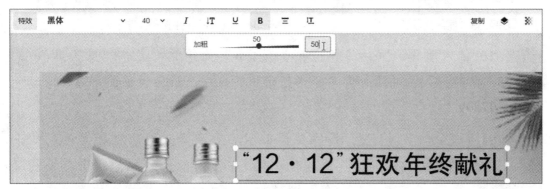

图6-31　设置文字格式

步骤 07 设置第二行文本字体格式为"思源黑体-常规，15"，字体加粗50，

123

并单击"间距"按钮 ，设置字间距为"1138"，行间距为"163"。

步骤 **08** 设置第三行文本字体格式为"思源宋体-常规，18"，选中"至高买1享21"文本框，单击工具栏上方的"特效"按钮 特效 ，打开"字体特效"窗格，单击"字体配色"右侧的调色盘图标 ，设置文字颜色为"#047c0c"，如图6-32所示。再为"满599元立减100元"设置同样的文字颜色。

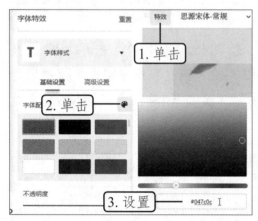

图6-32 设置文字颜色

步骤 **09** 在左侧功能区单击"素材"选项卡，在"推荐素材"页面选择"形状"选项，插入图6-33所示的形状，设置形状颜色为"#FFFFFF"。选中该形状并单击鼠标右键，在弹出的快捷菜单中选择"置于底层"命令，并调整形状大小和位置，效果如图6-34所示。

图6-33 插入形状

图6-34 插入形状并置于文字底层

步骤 **10** 使用同样的方法设置"抢先付定>"的字体格式为"思源黑体-常规，23，加粗50"，并添加圆角矩形置于该行文字底层，设置圆角矩形的颜色为"#397d09"。

步骤 **11** 调整文字的位置，最终效果如图6-35所示。单击页面右侧的"下载"按钮 下载 ，在打开的页面中设置图片格式和尺寸后，单击"下载"按钮 下载 ，打开"新建下载任务"对话框，设置图片保存的名称与位置（见图6-36），完成下载（配套资源:\效果文件\项目六\活动海报.png）。

图6-35 文案效果

图6-36 设置下载

专家点拨

除了创客贴外，稿定设计、Photoshop等都是常用的设计软件，可用于文案的排版。

动手做

欣赏排版设计

查看图 6-37 所示的文案，思考并与同学讨论怎样做才能实现该文案的效果。

图6-37 文案示例

同步实训 设计网店的商品详情与宣传推广文案

实训背景

云洱产品在网店上架之初使用的是线下广告图片，在网店的转化效果并不理想，项目负责人决定重新设计云洱的网店商品文案，网店的文案主要围绕产品的卖点与店铺活动来开展，主要是为了让目标客户人群了解产品的特点并获得销售订单。

📋 **实训描述**

本实训要求同学们根据网店的销售与宣传需求，设计网店的产品详情页面内文案以及店铺的宣传推广文案。

✂ **操作指南**

回顾本项目所学知识并按照如下的步骤进行实训。

步骤 01 打开百度脑图首页，结合对产品的了解，关联受众痛点，思考在产品详情页中如何展现产品的特点及卖点。可通过思维导图的方式进行产品详情页的重要板块设计，如图6-38所示，请你根据自己对于产品详情页的理解，将设计好的产品详情页板块进行思维导图扩展，并在设计时考虑其表现形式及展现的数量，将扩展的结果填入表6-2。

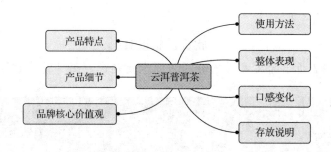

图6-38　云洱普洱茶的产品详情页重要板块设计

表 6-2　云洱普洱茶的着陆页板块及表现形式设计

板块顺序	板块内容描述	展示目的	表现形式	数量
1	云洱普洱茶品牌广告	加强客户信任	视频	1个
2				
3				
4				
5				
6				
7				
8				
9				
10				
……				

步骤 02 依次对产品详情页中的每一板块进行文案的提炼，通过思维导图的方式进行每一个重要板块内的文案提炼，如图6-39所示，请你根据自己对产品详情页各板块的理解，将提炼并优化好的产品详情页板块内文字进行思维导图的扩展，并将提炼好的文案填入表6-3中。

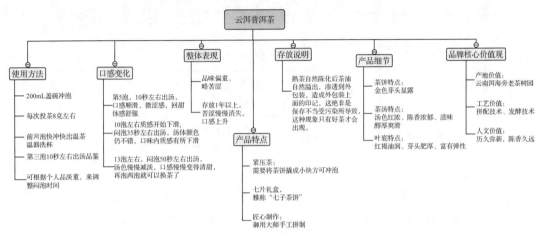

图6-39　云洱普洱茶的产品详情页重要板块文字文案扩展

表 6-3　云洱普洱茶的着陆页板块文字文案提炼表

板块顺序	板块标题	文案文字内容
1	云洱普洱茶品牌广告	云洱，来自云南洱海的优质普洱茶新品促销价1099元【立即购买】
2		
3		
4		
5		
6		
7		
8		
9		
10		
……		

步骤 **03** 设计店铺的推广文案。通过店铺活动公告、店铺上新广告、店铺促销文案等推广文案，多方面立体化地对产品与店铺进行推广。请你结合实际需要，将设计的文案内容进行记录，填写在表6-4中。

表 6-4　云洱网店的推广文案设计表

序号	推广文案类型	推广目的	文案内容	表现形式
1	店铺活动公告	公告宣传	云洱新品上市，尝鲜价699 元 / 盒	文字
2	店铺上新广告	增加关注	优质普洱茶新品上市，敬请期待	文字 + 图片
3	店铺促销文案	促进销售	原价 1099 元新品云洱，现低至 6 折	图片
4				
5				
6				
7				
8				

成果展示

请同学们展示自己的产品详情页面文案，并在下方展示自己的店铺推广文案。

实训评价

同学们完成实训操作后，提交实训报告，老师根据实训报告内容，按表6-5所示的内容进行打分。

表6-5 实训评价

序号	评分内容	总分	教师打分	教师点评
1	能根据目标客群进行详情页的板块设计	10		
2	能根据产品的特点提炼优质的板块文案	30		
3	能选择较为合适的板块文案展现形式	10		
4	能根据网店宣传需要正确撰写店铺推广文案	20		
5	设计出的文案满足网店的需求	30		

总分：

项目总结

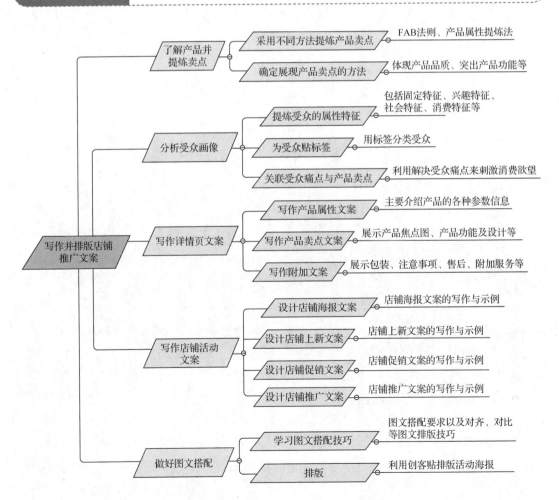

项目七
写作品牌推广文案

情境创设

　　随着合作品牌的增加，老李对小艾的工作提出了新的要求，他要求小艾熟练掌握各类品牌推广文案的写法，以便接下来更好地完成品牌的推广工作。

　　老李："小艾，B品牌是我们的重要客户，接下来你的工作将以B品牌为主，为他们撰写品牌文案。"

　　小艾："好的，品牌文案主要涉及哪些方面呢？"

　　老李："虽然品牌文案主要以宣传推广为主，但与品牌相关的文案不止宣传文案，还包括品牌故事文案、品牌公关文案等，这些都是服务于品牌推广的。"

　　小艾："我明白了，接下来我会多做了解，保证完成不同类型的品牌推广文案的写作。"

学习目标

✈ **知识目标**

1. 了解如何提炼品牌调性。
2. 掌握品牌故事的写作要素与写作技巧。
3. 熟悉宣传文案的写作技巧。
4. 了解如何制定不同的品牌公关文案。

✈ **技能目标**

1. 能够写作品牌故事文案。
2. 能够写作品牌宣传文案。
3. 能够写作不同类型的品牌公关文案。

✈ **素质目标**

1. 关注时代精神，重视发展和弘扬积极、正面的精神力量。
2. 做一个传播正能量的创作者。

任务一　写作品牌故事

任务描述

B 品牌希望通过品牌故事来消除受众与品牌之间的隔膜，提升受众对品牌的好感，于是打算在网店新增品牌故事板块，要求小艾为其写作品牌故事。接到该任务后，小艾打算先提炼 B 品牌的品牌调性，然后再整合品牌故事的写作要素，最后结合品牌故事的写作技巧编撰文案。

任务实施

👤 活动1　提炼品牌调性

品牌调性简单来说就是品牌气质、品牌个性，可以通过品牌的名称和标志、产品、宣传标语、核心价值等体现出来。小艾打算从以上方面提炼品牌调性。

1. 品牌名称和标志

品牌名称和标志指品牌的名称、名称字体、品牌图形标志（即 Logo、虚拟形象）等，这些在一定程度上可以体现品牌行业、产品类型、品牌风格定位等。

图 7-1 所示为茶颜悦色的品牌名称和标志设计。从"Modern China Tea Shop"可以看出该品牌主要销售"茶"饮品，主打新中式鲜茶；其品牌名为"茶颜悦色"，Logo 设计为一个拿着团扇、梳着古代发式的女子，品牌风格倾向于中国风。

图7-1 茶颜悦色的品牌名称和标志设计

2. 品牌产品

品牌产品的命名方式、产品包装、产品详情页文案等都可以体现品牌的调性。图 7-2 所示为茶颜悦色的产品名称与包装展示，可以看出其整体风格与品牌名称设计统一，如声声乌龙、人间烟火、不知冬等，以及古代场景与人像的包装设计，都体现其中国风、文艺风的品牌调性。

图7-2 茶颜悦色的产品名称与包装展示

3. 品牌宣传标语

品牌宣传标语可以体现品牌理念，提炼品牌调性。例如，金典的宣传标语"有机生活，有我定义"，体现金典良好的产品品质，倡导健康天然奶制品和有机生活方式的理念，可以提炼出金典的品牌调性——有机。

图 7-3 所示为茶颜悦色的网店宣传图,宣传语主要为"喝茶还是冷泡好""我们尊重传统热泡,但更推荐新世代冰爽冷泡",从茶的制作到口味的创新,可以看出其"新中式茶饮"的定位。

图7-3 茶颜悦色的网店宣传图

4. 品牌核心价值

品牌核心价值指品牌想要表达的某种情感理念、传达的核心价值观,或区别于其他品牌的竞争差异点。市场中同类产品多如牛毛,品牌要想更大范围地获取受众,就要推出让受众觉得愉悦和与众不同的产品。换言之,品牌卖的不仅是产品,更是一种受众想要的生活方式和感觉。

例如,某剃须刀的宣传语"面容,容不得一丝一毫的不整,这必须和合同一样严谨"就是抓住男性想要成功的精神需求;农夫山泉"我们是大自然的搬运工",抓住人们想要健康、天然饮水的需求。这些品牌传达的精神与理念就是品牌的核心价值,抓住它,可以更好地抓住故事核心,方便故事营销。

例如,茶颜悦色通过不加盟,产品系列、产品包装、门店、视觉宣传和周边产品开发等设计立足于中国传统文化,真正打造了与其他茶品牌形成差异的"新中式茶饮"核心优势,不断构建其品牌形象,加深了受众的记忆并形成品牌影响力。

> **专家点拨**
>
> 写作品牌故事就是通过讲述与品牌理念相契合的故事来吸引受众，由此将品牌信息植入受众心中。而这种与品牌理念相契合的故事强调的就是品牌核心价值（观）。例如，褚橙的品牌故事强调励志、德芙的品牌故事强调爱情、华为的品牌故事强调实干。

活动2　整合品牌故事的写作要素

提炼出品牌调性之后，就要开始准备品牌故事了。品牌故事的重点在于故事，这些故事可以是与品牌相关的任何事，包括品牌创立的故事、品牌员工与品牌的故事等，重点是体现品牌调性或品牌理念。故事写作一般包括背景、主题、细节、结果4个要素，如何通过文字将这些部分生动地描写出来，是写作品牌故事的关键。因此，小艾在写作之前，打算先整合品牌故事的4个写作要素。

1. 背景

背景是指故事发生的有关情况，如故事发生的时间、地点、人物、起因、社会环境等。它不需要面面俱到，重点是说明对品牌故事的发展起作用的历史情况或现实环境。以下为依云的品牌故事背景。

> 1789年，一位患了肾结石的法国贵族，在寻访名医时来到阿尔卑斯山脉脚下，由于长途跋涉十分口渴，便命令仆人去附近的农家取些水喝……

2. 主题

主题指品牌故事所表达的中心思想。创作者在塑造主题时，可以从以下方面入手。

（1）人物。人物是故事的重要承载者，人物形象的塑造可以很好地传递故事的中心思想。

（2）情节。情节可以将故事的开始、发展和结束串联起来，形成一个完整、鲜活的故事。创作者可以通过塑造具有感染力、戏剧性的情节来塑造人物形象，从而突显故事主题。

（3）环境。环境描写有利于渲染氛围，也可以为下文做铺垫，从而为主题服务。创作者在创作品牌故事时，可以适当描写人物所处的社会或生活环境。

例如，巧克力品牌德芙（DOVE）的品牌故事中，通过莱昂和芭莎两人一波三折的故事情节，传递"爱他（她），就告诉他（她）"的主题，如图7-4所示。

1919 年的春天，██████ 后厨的帮厨——莱昂整天都在清理碗碟和盘子，双手裂开了好多口子。当他正在用盐水擦洗伤口时，一个女孩走了过来，对他说："你好！很疼吧？"这个女孩就是后来影响莱昂一生 ██████ ██████ 就这样相遇。因为芭莎只是费利克斯王子的远房亲友，所以在王室里地位很低，稀罕的美食——冰淇淋，轮不到她去品尝。

于是莱昂每天晚上悄悄溜进厨房，为芭莎做冰淇淋。芭莎教莱昂英语。情窦初开的甜蜜萦绕着两个年轻人。不过，在那个尊卑分明的保守年代，由于身份和处境的特殊，他们谁都没有说出心里的爱意，默默地将这份感情埋在心底……

20 世纪初，为了使卢森堡在整个欧洲的地位强大起来，卢森堡和比利时订立了盟约，为了巩固两国之间的关系，王室联姻是最好的办法，而被选中的人就是芭莎公主。一连几天，莱昂都看不到芭莎，他心急如焚。终于在一个月后，芭莎出现在餐桌上，然而她整个人看起来异常憔悴。

莱昂在准备甜点时，用热巧克力写了几个英文字母"DOVE"是"DO YOU LOVE ME"的英文缩写。他相信芭莎一定猜得到他的心声，然而芭莎发了很久的呆，直到热巧克力融化。几天之后，芭莎出嫁了。

一年后，莱昂离开了王室后厨，带着心中的隐痛，悄然来到了美国的一家高级餐厅。这里的老板非常赏识他，把女儿许给了他。时光的流逝，平稳的事业，还有儿子的降生，都没能抚平莱昂心底深处的创伤。他的心事没有逃过妻子的眼睛，她伤心地离开了。莱昂此后一直单身带着儿子，经营着他的糖果店。

而正在此时，莱昂收到了一封来自卢森堡的信，信是一个同在御厨干活的伙伴写给他的，莱昂从信中得知，芭莎公主曾派人回国四处打听他的消息，希望他能够去探望她，却得知他去了美国。由于受到战争的影响，这封信到莱昂的手里时，已经整整迟到一年零三天。莱昂历经千辛万苦终于打听到芭莎的所在。

芭莎和莱昂此时都已经老了，芭莎虚弱地躺在床上，曾经清波荡漾的眼睛变得灰蒙蒙。莱昂扑在她的床边，大颗大颗的眼泪滴落在她苍白的手背上。芭莎伸出手来轻轻地抚摸莱昂的头发，用微弱到听不清的声音叫着莱昂的名字。芭莎说，当时在卢森堡，她非常爱莱昂，以绝食拒绝联姻，被看守一个月，她深知自己绝不可能逃脱联姻的命运，何况莱昂从未说过爱她，更没有任何承诺。

在那个年代，她最终只能向命运妥协，离开卢森堡前她想喝一次下午茶，因为她想在那里与莱昂做最后的告别。她吃了他送给她的巧克力冰淇淋，却没有看到那些融化的字母。听到这里，莱昂泣不成声，过去的误解终于有了答案。但一切都来得太晚！三天以后，芭莎离开了人世。莱昂听闻人说，自从芭莎嫁过来之后，终日郁郁寡欢，导致疾病缠身，在得知他离开卢森堡并在美国结婚后，就一病不起。

莱昂无限悲痛，如果当年那冰淇淋上的热巧克力不融化，如果芭莎明白他的心声，那么她一定会改变主意与他██。如果那巧克力是固定的，那些字就永远不会融化，他就不会失去最后的机会。莱昂决定制造一种固体巧克力，使其可以保存更久。

经过苦心研制，香醇独特的德芙巧克力终于制成了，每一块巧克力上都被牢牢刻上："DOVE"。莱昂以此来纪念他和芭莎那错过的爱情——它苦涩而甜蜜，悲伤而动人，如同德芙的味道。

图7-4 德芙（DOVE）品牌故事

3. 细节

细节就是抓住生活中细微而又具体的典型情节加以生动细致的描绘，它能够使故事情节更加生动、形象和真实。细节一般是创作者精心设置和安排的。恰到好处的细节描写能够起到烘托环境气氛、刻画人物性格和揭示主题的作用。

例如，阿里巴巴创业故事中，在创业之初，马云为了让企业相信能够从互联网上获得资料，专门进行了验证过程的细节描写。

直至 1995 年 7 月，上海首先开通了 44K 专线，但当时杭州还没有专线。马云为了证明自己并没有骗大家，找来一台 486 计算机，把电视台的记者请来，将电视摄像机对准这部计算机，然后从杭州拨长途电话到上海连接互联网，再通过互联网把望湖宾馆的照片和资料从美国传过来。结果花了三个半小时，望湖宾馆的照片才一点一点出来了。虽然资料下载的时间长得可怕，但至少证明他没有骗人。

4. 结果

故事一般都有结果，告诉受众故事的结果能够加深他们对故事的了解和体会，有利于故事在他们心中留下印象。

例如，德芙的品牌故事中，莱昂和芭莎两个深爱彼此的人，在年老时终于解除误会却天各一方的结果，赋予了德芙深刻的情感意蕴，加深了受众对品牌的印象。

📖 专家点拨

有些故事的最后还有点评，创作者可以在品牌故事的结尾添加点评，发表一定的看法，以进一步揭示故事主题。这部分的内容尽量贴近故事内容，引起读者的共鸣和思考。例如，德芙的品牌故事的最后对莱昂和芭莎凄美的爱情故事进行了点评："当情人们送出德芙，就意味着送出了那轻声的爱情之问：DO YOU LOVE ME？这也是创始人在提醒天下有情人，如果你爱他（她），请及时让他（她）知道，并深深地爱，不要放弃。"

🖊 动手做

总结品牌故事要素

搜索理肤泉的品牌故事，根据所学知识总结理肤泉品牌故事中的要素，并尝试进行分析，将总结的要素和分析内容填写在下方区域。

故事要素：_____

_____

👤 活动3　结合品牌故事的写作技巧

在小艾看来，品牌故事一方面需要体现故事的特性，可读性强；另一方面要有一定的内涵，这样才能让受众通过故事认同品牌。所以小艾打算了解并掌握品牌故事的写作技巧。

1. 设置复杂的语境

语境即语言环境。创作者在创作品牌故事时，可以设置复杂的语境，以提升品牌故事的可读性。设置复杂的语境不仅需要给出语言活动所需的时间、地点等因素，还需要表现社会环境的特点，以及主角的职业、性格、修养和习惯等。以下为某品牌故事的开头，其不仅交代了品牌成立时间、地点，还交代了主角的职业、喜爱的颜色等，构造了复杂的语言环境。

> 1946 年，时装设计师 ×× 先生在偶然的机会下巧遇商业大亨 ×××，两人一拍即合，于巴黎蒙田大道 30 号正式创建第一家个人时装店，招募 85 位员工并投入 6000 万法郎的资金。全店装潢以 ×× 先生最爱的灰白两色与法国路易十六风格为主。

2. 揭示人物心理

人物心理是故事发展的内在依据。揭示人物心理就是通过描写人物内心的思想活动，反映人物的内心世界，以更好地刻画人物性格，使品牌故事更具感染力。

例如，京东品牌故事"红的故事（JD Red Story）"就通过展现快递员的内心世界，反映出送货的艰辛以及快递员强烈的责任感和乐观的心态，使得这个故事更加饱满，如图 7-5 所示。

图7-5　"红的故事（JD Red Story）"

3. 引发受众的深度思考

从一定意义上来说，品牌故事带来的启发程度也是衡量其质量的标准之一。因此在创作品牌故事时，创作者要充分开拓视野，赋予品牌故事更多的思考价值。

例如，褚橙品牌故事讲述了创始人褚时健晚年开始创业，但永不放弃，在 80 多岁创业成功的故事，引发了人们对理想与现实、什么年岁创业才合适等问题的思考。图 7-6 所示为褚橙品牌故事部分示例。

图7-6　褚橙品牌故事部分示例

📝 **素质提升小课堂**

　　一般来说，品牌精神更容易启发人们思考。创作者可以在品牌故事中传递品牌精神，注意，品牌精神应体现时代精神，符合社会主义核心价值观。

4. 增强故事的可读性

　　在当今的互联网"快餐时代"，品牌故事写得有趣、动人，才更容易引起受众的共鸣与主动传播，促进品牌推广。创作者可以从以下3个方面增强品牌故事的可读性。

　　（1）故事新颖度、不落俗套、充满创意。

　　（2）充满丰富的情感色彩，情节具有矛盾冲突性，人物形象立体。

　　（3）语言简单、通俗易懂。

👤 **专家点拨**

　　除了整合要素以故事的形式写作品牌故事，有些企业还喜欢以品牌简介的形式来设计其官方网站的品牌故事板块，这也是可以参考的写法。品牌故事简介式写法比较简单，简要介绍品牌发展定位和现状即可，如图7-7所示。

品牌故事

入秋的时髦，从一副太阳镜开始！

ABOUT US

████眼镜有限公司是一家国内知名的集团化管理、连锁经营、多元化发展的大型眼镜零售企业。截至目前已在全国开设500多家连锁店，销售网络遍布全国，各地的连锁店销售业绩稳健增长，在市场上享有非常高的知名度和美誉度。

如今，公司将████眼镜更准确地定位为大众信赖的专业眼视光验配中心，以注重眼健康为导向，把████眼镜打造为集眼视光医疗、眼镜文化、眼镜设计、眼镜连锁于一体的眼视光综合品牌。公司计划每年增开80-100家████眼镜连锁分店，致力将████眼镜打造为中国人喜爱的品牌。

图7-7 品牌故事简介式写法

任务二 写作品牌宣传文案

任务描述

B品牌最近开始创新升级，并成功开发出一款新产品，急需新的品牌宣传文案。企划部将这一工作交给小艾来完成。品牌宣传文案类型较多，小艾打算先了解不同品牌宣传文案，再运用相关写作技巧完成品牌宣传文案的创作。

任务实施

👤 活动1 了解品牌宣传文案的类型

小艾了解到，新闻软文、宣传物料文案、宣传片文案，以及其他各类能加深受众对品牌及品牌产品认识的文案都属于品牌宣传文案。在正式写作文案之前，她需要了解并掌握这几种不同文案的写作。

 知识窗

品牌宣传文案指推广产品、宣传品牌理念等的文案，其主要目的在于提升品牌知名度和影响力。

 **知识窗**

1. 新闻软文

根据平台属性、调性，用特定的形式为品牌提供信息曝光与网络收录的文章，都可以看作新闻软文。新闻软文包括体现品牌诉求、竞争意图、发明创新、技术升级、所获荣誉的新闻形式的文章，以及百科信息、口碑问答等。

> **专家点拨**
>
> 新闻软文的作用主要有两点：一是在较短时间内让产品曝光；二是持续为品牌的其他宣传提供背书和信息链旁证。

2. 宣传物料文案

宣传物料文案主要用于介绍品牌，或透露产品上新、品牌新动向等，形式多样，包括宣传册、创意海报、不完整的短视频片段、GIF 动图、原创漫画等，通常要求简洁、醒目。这类文案一方面可以为正式的宣传活动预热，提升受众期待感；另一方面，如果是纸质的物料，还可以通过分发资料促进传播。

3. 宣传片文案

宣传片具有超高的品牌价值，宣传片的文案质量影响宣传片的质量。宣传片文案源于宣传片策划。创作者首先需确定品牌宣传诉求，如塑造品牌形象、宣传新发布产品等，然后确定使用场景，最后确定宣传片定位与创意。

其文案结构一般分为三个部分：开头是简单的解说引入，中间是有层次的内容表述，结尾是总结及点题。通常一个或一组画面就需搭配相应的解说文案。

4. 其他文案

除以上文案外，其他能宣传品牌或品牌产品的文案都可以视作品牌宣传文案，形式、内容不定，例如，创意 H5 文案、借势营销文案、关联营销文案（常见于微博，关联营销建立在互利互惠的基础上，在文案方面多表现为与其他品牌以图片式文案形成联动，交叉营销，为双方增加流量）等。图 7-8 所示为某地产的品牌宣传文案，该文案类型为 H5 文案。

> **知识窗**
>
> H5 是一种基于 HTML5 产生的广告网页，可用于放文本、图片、音视频等形式的文件，广泛用于品牌的广告宣传营销。由于受众在查看时需要点击或滑动翻页（或点击后自动翻页），其也被称为"移动端的 PPT"。

图7-8　H5文案

动手做

分析品牌宣传文案

图 7-9 所示为某长文截图，判断该文案类型与宣传目的，并将分析结果填写在横线上。

图7-9　品牌宣传文案

🎁 **动手做**

_____

_____

_____

👤 活动2　运用品牌宣传文案的写作技巧

老李告诉小艾，写作新品牌和非新品牌的宣传文案需要掌握的技巧不同。小艾打算分别了解两种不同宣传对象的文案写作技巧。

1. 新品牌宣传文案写作

对于新品牌而言，重要的是体现产品定位，因此创作者在为新品牌创作宣传文案时，要注意挖掘品牌特性，找准品牌定位。

例如，陈欧创立聚美优品时只有20多岁，同时，聚美优品的目标受众为新一代年轻人，主张张扬个性，由此诞生了风靡一时的品牌宣传语"我是陈欧，我为自己代言"。具体文案内容如下。

> 你只闻到我的香水，却没看到我的汗水。
>
> 你有你的规则，我有我的选择。
>
> 你否定我的现在，我决定我的未来。
>
> 你嘲笑我一无所有，不配去爱，我可怜你总是等待。
>
> 你可以轻视我们的年轻，我们会证明这是谁的时代。
>
> 梦想是注定孤独的旅行，路上少不了质疑和嘲笑。
>
> 但那又怎样，哪怕遍体鳞伤，也要活得漂亮。
>
> 我是陈欧，我为自己代言。

2. 非新品牌宣传文案写作

非新品牌往往已经积累了一定数量的粉丝。在为这类品牌创作品牌宣传文案时，创作者可以将重点放在提升品牌知名度和影响力上，开展借势营销。

例如，京东在"6·18"店庆日前期用"别闹"宣传文案掀起购物浪潮后，易迅、当当、1号店等也开始借机宣传自己，效果显著。具体文案如图7-10所示。

图7-10 非新品牌文案

任务三 写作品牌公关文案

任务描述

由于工作人员的疏忽，B品牌的网店在促销期间不小心向消费者发出了一批不合格的产品，直到不少消费者向平台投诉，B品牌才获悉此事。然而，此事已在网络上发酵并进一步扩散，对品牌形象造成了一定的负面影响。B品牌须立刻发布品牌公关文案，挽回声誉。企划部将这一工作交给了老李和小艾。老李决定，先完成公关策划，然后创作危机公关文案。

任务实施

👤 活动1 了解公关策划的流程

公关的目的主要是维护或提升品牌形象与声誉、重拾受众信任、重塑品牌精神。小艾从未参与过品牌公关策划，于是老李将带领小艾共同完成此次的公关策划。为了进展顺利，小艾需提前熟悉公关策划流程。

公关策划通常指创作者根据组织形象的现状和目标要求，分析现有条件，谋划并设计公关战略、专题活动和具体公关活动的最佳行动方案的过程。

制定公关策划，通常需要经过 5 个流程，如图 7-11 所示。

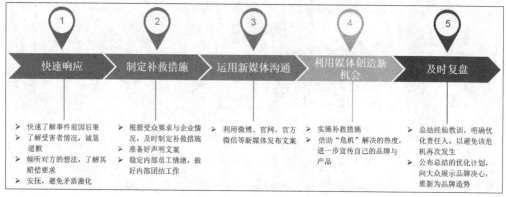

图7-11　制定公关策划的流程

活动2　写作危机公关文案

接下来，小艾就要根据 B 品牌给出的补救方案写作公关文案，将危害降到最低。

危机公关文案出现的背景往往是品牌遇到了一些问题或危机，由此导致了受众的不安、不信任或不满等。这就需要品牌矫正及优化形象，重新赢得受众信任。危机公关文案的写作结构如表 7-1 所示。

表 7-1　危机公关文案的写作结构

序号	写作内容
1	标题简明扼要，表明回应对象
2	说明事件起因
3	承认过错
4	诚恳道歉
5	表明态度
6	简单解释，给出解决方案

续表

序号	写作内容
7	表示感谢，再次表明态度
8	表示诚恳接纳各方建议，并提出愿景
9	落款并加盖公章

知识窗

危机公关指企业在自身发生不良变化或社会上发生的特殊事件对企业造成不良影响时，采取的快速挽救企业形象的措施。

危机公关文案范例如下。

> ××针对××的声明
>
> 针对×××××××××××××的问题（事件起因），我们高度重视，并充分意识到自己×××××××（承认过错），对于给××带来的困扰，我们表示最真诚的歉意（诚恳道歉）。
>
> ××一直高度重视×××××××××××××××××××（表明态度），对于×××指出的问题，×××××××××××××××××××（简单解释，给出解决方案）
>
> 最后非常感谢你们的监督与批评，我们将×××××××××（表示感谢，再次表明态度），同时也欢迎提出建议与意见，我们将不断××××××××××××××××××，继续×××××××××（表示诚恳接纳各方建议，并提出愿景）。
>
> ××（落款并加盖公章）
>
> ××年×月×日

品牌的危机公关文案要想快速取得良好效果，一是要及时响应，二是要以理服人，三是要态度诚恳。

专家点拨

需注意，如果品牌方不存在过错，而是卷入危机事件中，创作者可按照"说明事件的原因＋表达自己的态度＋描述现状＋提出解决措施＋感谢＋提出品牌愿景＋落款盖章"的格式撰写文案。品牌方若是受到诬陷，则需要及时澄清事实。

同步实训 设计一篇品牌推广文案

💡 实训背景

云洱普洱茶经过一段时间销售，收获了不少新客户的喜爱。也有部分客户在寻问过产品的品牌之后，产生了犹豫，主要问题集中在"云洱"品牌在互联网上没有太大名气。因此，云洱的项目负责人决定设计一套品牌的推广文案来宣传云洱，主要围绕云洱品牌的创使人如何以"匠心精神"去寻找并制作一款好的普洱茶的故事。文案要求体现品牌"精选好料、匠心制茶"的理念，品牌的推广文案目的一方面是树立云洱在消费者心中的口牌形象，另一方面是赋予云洱更多的品牌调性与价值。

📋 实训描述

本实训要求同学们立足品牌推广需求，为该品牌撰写一则简短的品牌故事。

🛠 操作指南

回顾本项目所学知识并按照如下的步骤进行实训。

步骤 01 根据品牌、产品给出的信息及网络途经，了解品牌名称、宣传广告语、企业价值观，提炼品牌调性，将内容归纳并填写在下方。

品牌名称：＿＿＿＿＿＿＿＿＿＿＿＿＿＿＿＿＿＿＿＿＿＿＿＿＿

宣传标语：＿＿＿＿＿＿＿＿＿＿＿＿＿＿＿＿＿＿＿＿＿＿＿＿＿

企业价值观：＿＿＿＿＿＿＿＿＿＿＿＿＿＿＿＿＿＿＿＿＿＿＿

品牌调性：＿＿＿＿＿＿＿＿＿＿＿＿＿＿＿＿＿＿＿＿＿＿＿＿＿

步骤 02 了解创始人的创业经历，整合品牌故事写作要素。根据"云洱"创始人云先生的创业经历，整理归纳后选择合适的文字输出，将内容填写在下方。

创业背景：＿＿＿＿＿＿＿＿＿＿＿＿＿＿＿＿＿＿＿＿＿＿＿＿

创业条件：＿＿＿＿＿＿＿＿＿＿＿＿＿＿＿＿＿＿＿＿＿＿＿＿

创业心路：＿＿＿＿＿＿＿＿＿＿＿＿＿＿＿＿＿＿＿＿＿＿＿＿

创业过程：＿＿＿＿＿＿＿＿＿＿＿＿＿＿＿＿＿＿＿＿＿＿＿＿

步骤 03 综合品牌故事写作技巧，例如，适当强调故事细节和整体的价值升华，彰显品牌对社会的责任感等。

故事细节强调：_____

价值升华：_____

步骤 04 品牌要求文案尽量简短，请根据品牌要求提炼故事细节和整体内容，优化品牌故事，形成最终的品牌故事推广文案。

成果展示

请同学们将撰写的品牌故事写在下方。

实训评价

同学们完成实训操作后，提交实训报告，老师根据实训报告内容，按表 7-2 所示的内容进行打分。

表 7-2　实训评价

序号	评分内容	总分	教师打分	教师点评
1	能准确提炼品牌信息	10		
2	能收集品牌宣传文案所需的相关素材	10		
3	能根据宣传目的设计宣传文案的结构	10		
4	能使用一定的写作技巧写出文笔流畅的文章	30		
5	能写出结构完整、符合宣传要求的品牌推广文案	40		

总分：_____

项目总结

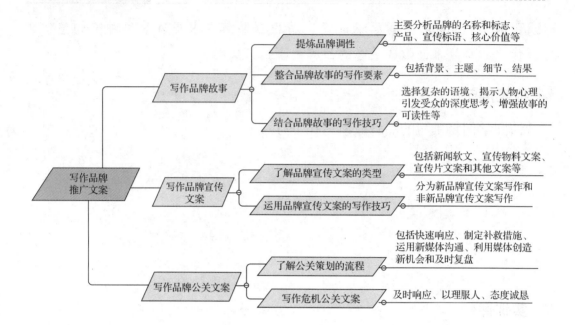

写作品牌推广文案
- 写作品牌故事
  - 提炼品牌调性 —— 主要分析品牌的名称和标志、产品、宣传标语、核心价值等
  - 整合品牌故事的写作要素 —— 包括背景、主题、细节、结果
  - 结合品牌故事的写作技巧 —— 选择复杂的语境、揭示人物心理、引发受众的深度思考、增强故事的可读性等
- 写作品牌宣传文案
  - 了解品牌宣传文案的类型 —— 包括新闻软文、宣传物料文案、宣传片文案和其他文案等
  - 运用品牌宣传文案的写作技巧 —— 分为新品牌宣传文案写作和非新品牌宣传文案写作
- 写作品牌公关文案
  - 了解公关策划的流程 —— 包括快速响应、制定补救措施、运用新媒体沟通、利用媒体创造新机会和及时复盘
  - 写作危机公关文案 —— 及时响应、以理服人、态度诚恳

项目八

写作并排版微信文案

　　基于扩大业务、树立公司形象的考虑，特讯运营打算在年底新建企业微信账号和微信公众号，用于公司的官方运营管理，平时发布一些企业事项、广告文章等，并决定从企划部和营销部抽调一些成员组成临时的管理团队。在老李的安排下，小艾也加入该团队。临近年底，小艾主动向老李询问工作内容。

　　小艾："老李，我这次主要负责什么工作呢？"

　　老李："你负责微信文案的写作和排版。"

　　小艾："好的，我知道了。"

学习目标

 知识目标

1. 掌握微信朋友圈文案的写法。
2. 掌握微信公众号文案的组成部分。
3. 了解不同的排版工具。

技能目标

1. 能够写作合适的微信朋友圈文案和微信公众号文案。
2. 能够制作出美观的微信公众号文案。

素质目标

培养终身学习的意识，不断精进自己的文案写作能力。

任务一　写作微信文案

任务描述

很快，营销部的同事就创建了企业微信账号和微信公众号，并成功引流，积累了一批原始粉丝。接下来，小艾需要定期撰写微信朋友圈文案和公众号文案，以塑造企业形象、增加粉丝黏性、促进销售。

任务实施

活动1　写作微信朋友圈文案

小艾没有撰写企业微信朋友圈文案的经验，于是她在个人微信号上添加了一些自媒体、网店或企业的官方微信号，通过分析对方发布的朋友圈文案，认识了几种不同的文案写法。小艾将以此为参考，撰写微信朋友圈文案。

1. 直接分享产品信息的文案

朋友圈是一个很好的宣传推广的途径，许多商家会直接利用朋友圈做产品预告、分享产品信息，包括产品宣传语、上新情况、产品详情、优惠活动等，如图8-1所示。

图8-1　直接分享产品信息的文案

2. 介绍专业知识的文案

对于受众而言，实用性较强的文案更受欢迎。因此朋友圈文案也可以分享一些与产品、品牌有关的专业知识，如图 8-2 所示，以满足受众的求知欲和学习欲。

图8-2　分享专业知识的文案

素质提升小课堂

生命不息，学习不止。联合国教科文组织将"学会求知"看作21世纪教育的四大支柱之一，我国也提倡"终身学习"的教育理念。事实上，随着该理念在高校及社会的推广，以及适应现代社会生存发展的需要，越来越多的人产生了关注时事动态、学习各领域知识的意识，并不断培养多种技能，如视频编辑加工技能等。创作者在分享知识时，可以充分利用受众的这种意识。此外，创作者也要不断学习，丰富自己的知识储备，这样才能写出优秀的文案。

3. 分享生活的文案

朋友圈对许多人来说较为私密，如果创作者经常发送推广信息，就可能招致厌烦，被删除好友，因此可以适当在朋友圈中发布分享生活的内容。例如，创作者可以分享日常生活、感想、趣事等，还可在其中适当植入自己的产品。图8-3所示为某网店人员发布的纯分享生活的文案，图8-4所示的文案中则植入自家的产品。

图8-3　纯分享生活的文案

图8-4　分享中植入产品的文案

4. 展示消费评价的文案

有些受众在消费后，会主动向企业方分享自己的使用体验和反馈图。创作者可以挑选反馈较好的内容或图片，展开良性互动，展示在企业微信账号的朋友圈中，从而树立良好的企业形象、帮助受众了解产品。

图 8-5 所示就是展示了受众消费评价的反馈图的朋友圈文案。

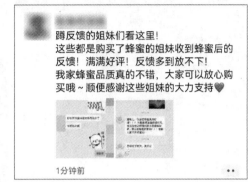

图8-5　展示消费评价的文案

5. 抽奖赠礼的文案

抽奖赠礼主要利用受众想要获利的心理，给予受众优惠，增强受众黏性。若需要收集一些受众反馈或与受众互动，提高受众活跃度，也可以利用该方法。抽奖赠礼的文案如图 8-6 所示。

图8-6　抽奖赠礼的文案

6. 编辑转发的文案

许多其他平台的文案都可以被分享到微信朋友圈，因此朋友圈文案的一种写法是转发分享来自其他途径的文案，再以简短的文字呼吁关注或行动。

微信自身就提供了方便微信用户制作短视频和长文章的视频号及公众号。创作者在查看文案时直接点击"分享"按钮，选择"分享到朋友圈"选项，编辑完成并发布，就可以形成一条转发分享的朋友圈文案，如图 8-7 所示。

明晚见，甲骨文《████》特装本，带你走进世外桃源，这次是蓝色毛边本 🖤🖤🖤

11月18日（周四）
的直播间限量

2天前 视频号·████

···

图8-7 编辑转发的文案

专家点拨

朋友圈文案写作也有一定的规则与技巧。要想让朋友圈文案显得尽善尽美，创作者在写作时可以从语言风格、图片运用、发布频率等方面去考虑，例如，精简文案、选择合适的图片数量等。扫描右侧二维码可查看了解朋友圈写作的注意事项。

拓展阅读

注意事项

动手做

写作朋友圈文案

现有一家销售蜂蜜的商家，打算在微信朋友圈中销售蜂蜜，主要产品包括售价每千克100元的春蜜（源于荔枝和龙眼的百花蜜）和售价每千克180元的冬蜜（源于鸭脚木和枇杷树的百花蜜）。请同学们根据朋友圈文案的不同写法，为商家撰写一篇朋友圈文案，并将自己的写作方法写在下方。（可以利用草图画出整体版式，直接写出文案文本，简要描述图片或链接。）

👤 活动2 写作微信公众号文案

从营销角度来讲，微信公众号在品牌传播、宣传推广、提高受众忠诚度方面有重大意义，可以在降低成本的基础上，实现更优质的营销。因此，公司希望小艾完成规范、高质的微信公众号文案创作工作。小艾发现微信公众号文案分为单图文文案和多图文文案，她将分解文案的不同写作部分，以完成文案的设计撰写。

图8-8展示了微信公众号单图文文案、多图文文案以及打开文案后的内文展示，可以发现一篇完整的文案分为封面缩略图、标题、摘要、内文4个部分。

图8-8　微信公众号单图文文案、多图文文案以及文案内文展示

1. 封面缩略图

公众号的封面缩略图可以起到吸引受众视线和激发受众阅读兴趣的作用，因此，一般需要具备一定的视觉冲击力，或与文案具体内容相关、体现主题，或具有趣味性、创意性、美感。图8-9所示的某糕点品牌公众号的封面图片就是与推送内容相关的图片。

图8-9　封面缩略图

👤 **专家点拨**

建议按照720px×400px的比例来调整封面缩略图尺寸，如500px×278px、300px×167px等，以保证封面图片能完整显示，避免图片变形。

2. 标题

标题的写法在项目四有介绍，此处不赘述。需要注意，如果想要体现公众号的个人特色，可以通过"|"等符号的运用或设置专题名，打造系列样式的文案标题，进一步加强受众对公众号的印象。例如，"『甲骨文』新书速递 | 藏在海贝里的全球史""【聚焦】疾风骤雪中的工行温度"等。

3. 摘要

摘要是文案封面缩略图下面的一段引导性文字，可以用于吸引受众点击文章或充当第二标题。因此，创作者要重视摘要，可以利用摘要补充说明标题或者揭示文案主旨、提问、展示金句或评价等，写法多样，重点是要激发受众深度阅读文案的兴趣。

专家点拨

　　微信公众号文案分为单图文文案和多图文文案。单图文文案一次只能发布一篇文案，但可以添加并显示摘要；多图文文案一次最多可以发布8篇文案，但一般不能显示摘要。不过，多图文列表中的文案被分享出去后则会显示摘要。如果编辑文案时不选择设置摘要，公众号默认抓取正文的前54个字作为摘要。可以看出没有显示摘要的文案分享出去后被系统自动抓取了正文作为摘要，如图8-10所示。

图8-10　自动抓取的摘要

---

4. 内文

公众号内文主要是长文章，可以选择总分的写作结构，也可以采取三段式写法，如开头引入、中间分段论述介绍，结尾总结升华或引导行动等，主要是输出内容、传达信息，写法不限。一般文案内容应尽量口语化，每句话不要太长，应保持在 20 个字以内；段落的行数不能太多，长短要有变化，不能让受众感到乏味。

图 8-11 所示为某出版社公众号的推文，主要介绍了社内的年度好书评选。

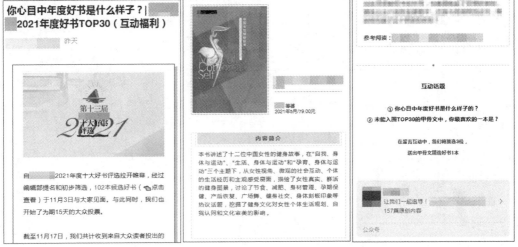

图8-11　展示消费评价的文案

任务二　排版微信公众号文案

任务描述

发布微信公众号文案之前需要做好文案排版。小艾需要了解常见的微信公众号文案排版工具，并选择一种排版工具完成文案的排版与发布。

任务实施

👤 活动1　选择合适的排版工具

小艾对微信公众号文案排版工具不太熟悉，于是请教老李。老李告诉她，既可以使用微信公众号后台编辑器排版，也可以使用 135 编辑器、秀米编辑器等第三方排版工具排版。小艾打算先了解各种排版工具，然后选择合适的工具进行排版。

1. 微信公众号后台编辑器

微信公众号后台编辑器是微信自带的排版工具，用于群发各种图文推文、视频推文或文字信息等，操作十分简单。

在浏览器中搜索"微信公众平台"，进入其官方网页。登录账号并进入微信公众号后，单击菜单栏的"草稿箱"，将鼠标指针移动到"新的创作"页面选项上，在打开的列表中可以选择写新图文、编辑好的图文、文字消息或视频消息等。选择"写新图文"，进入图8-12所示的工作界面，进行排版操作。在界面中可以输入标题、作者、正文，设计封面图、摘要等，直接通过单击"群发"按钮将文案推送给粉丝。

图8-12　微信公众号后台编辑器工作界面

2. 135编辑器

135编辑器是用于编辑、排版简单长图文的在线工具，样式丰富、功能多样，提供多种模板。创作者可利用其进行一键排版、添加并编辑图片素材、在线搜索配图、手机预览、同步保存文章至微信文章素材库，插入视频、表格，生成长图、短链接、超链接和二维码，设置图片滑动、轮播（SVG编辑器的功能）等。其操作简单、适合新手使用。

图8-13所示为135编辑器的工作界面。创作者直接在网页上进行排版，非常方便。

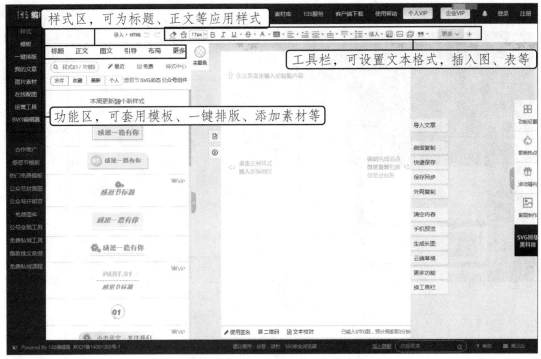

图8-13 135编辑器的工作界面

3. 秀米编辑器

秀米编辑器是操作较为简单的编辑器，可用于图文排版与H5制作。秀米编辑器的功能与135编辑器类似，同样提供了一些排版模板和图片素材，并对文案板块进行分区，简单易懂、上手快，非常适合新手操作。

在使用秀米编辑器进行排版时，有两种选择模板的方法：一是单击秀米编辑器首页的"挑选风格排版"选项，进入"风格排版"页面后，使用米点（秀米编辑器中的货币）购买现有模板进行编辑；二是单击秀米编辑器首页中的"新建一个图文"选项，自主选择不同模板组合成具有自己独特风格的模板。图8-14所示为选择"新建一个图文"选项后打开的工作界面。

编辑好的图文可以通过生成长图的方式分享到各大平台上，也可以通过同步上传和复制上传发布到微信公众号。

专家点拨

初次使用秀米编辑器时，可先在其官网首页单击"图文新手指南"与"H5新手指南"超链接，了解基本的编辑与发布流程。

图8-14　秀米编辑器的工作界面

动手做

寻找其他的微信公众号文案排版工具

1. 在网上搜索还有哪些用于公众号排版的软件。

2. 将搜集到的软件罗列出来，并依次体验，完成表8-1的填写。

表8-1　排版工具分析

排版工具	功能或特点

活动2　进行排版操作

在了解过后，小艾选择使用135编辑器排版文案，并将文案生成长图保存到计算机，以便发布到微信公众号，具体操作如下。

步骤 01 打开储存在计算机中的"破壁机"素材文件（配套资源：素材文件\项目八\破壁机.docx），按【Ctrl+A】组合键全选文本，单击鼠标右键，在弹出的快捷菜单中选择"复制"命令（或直接按【Ctrl+C】组合键快速复制文本），如图8-15所示。

步骤 02 打开浏览器，搜索"135编辑器"，在搜索结果中选择135编辑器的官网并进入，在官网首页单击"在线编辑"按钮 在线编辑 ，如图8-16所示。

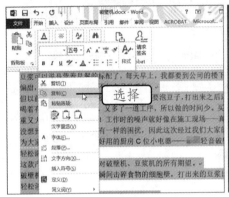

图8-15　复制素材

图8-16　单击"在线编辑"按钮

步骤 03 打开135编辑器工作界面，将鼠标光标定位于文本框中，如图8-17所示。

步骤 04 按【Ctrl+V】组合键将Word中的文本粘贴到编辑区中，如图8-18所示。

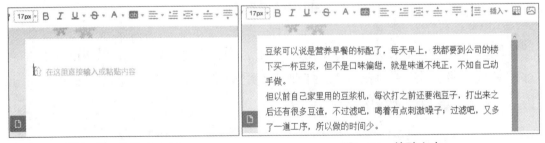

图8-17　定位文本框　　　　　　　　　图8-18　粘贴文本

步骤 05 将鼠标光标定位到第4段"柏翠轻音破壁机。"文字后，按【Enter】键换行，在工具栏中单击"单图上传"按钮 ，打开"打开"对话框，选择"11.jpg"素材文件（配套资源：\素材文件\项目八\产品图片\11.jpg），如图8-19所示，单击"打开"按钮 打开(O) 上传图片，效果如图8-20所示。

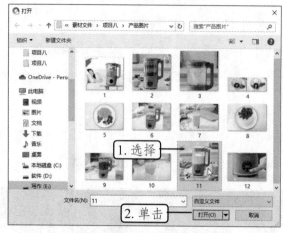

图8-19　选择素材文件

图8-20　插入图片后的效果

步骤 06 选择"轻松满足需求"文字，在135编辑器页面左侧单击"样式"选项卡，选择"标题"选项，在打开的列表中选择"基础标题"选项，如图8-21所示，然后为"轻松满足需求""食谱丰富，超营养""自带清洁功能，好清洗"文字应用ID为"107255"的样式。

图8-21　应用样式

步骤 07 将鼠标光标定位在"统统不在话下。"文字后，按【Enter】键换行，单击"多图上传"按钮，打开"多图上传"对话框，单击"普通图片上传"按钮 普通图片上传 ，如图8-22所示。

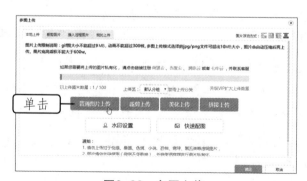

图8-22　多图上传

步骤 08 打开"打开"对话框，按住【Ctrl】键，依次选中"5.jpg""6.jpg""8.jpg""9.jpg"素材文件（配套资源:素材文件\项目八\产品图片\5.jpg、6.jpg、8.jpg、9.jpg），单击"打开"按钮 打开(O) ▼ 上传图片，如图8-23所示。

步骤 09 此时将跳转回"多图上传"对话框，显示上传情况，如图8-24所示。上传成功后单击"确定"按钮 确定 ，图片将插入定位的文字下方，如图8-25所示。

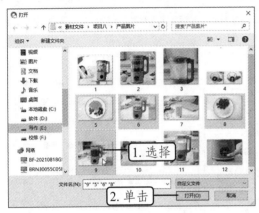

图8-23 选择素材文件

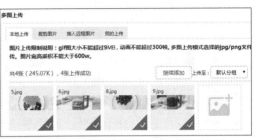

图8-24 显示上传

步骤 10 单击选中图片，将鼠标指针移到图片右下角，当指针变为对角线形状时，如图8-26所示，拖动鼠标向图片画面中心移动，缩小图片。

图8-25 图片效果

图8-26 指针改变形状

步骤 11 将图片缩小至原来的一半，如图8-27所示。继续缩小其他的图片，利用复制、粘贴的操作将四张图片并列排放，效果如图8-28所示。

图8-27 缩小图片

图8-28 排列图片

步骤 12 选中正文前四段的文本，设置文字格式为"黑体，15px"，同时单击工具栏上方的"行间距"按钮 ，设置文本行距为"1.75"。

步骤 13 继续单击"对齐"按钮 ，在打开的列表中选择"两端对齐"选项。选中需要设置字体格式的部分文字，分别设置字体格式为"#f79646，加粗""20px，#4f81bd，加粗"，效果如图8-29所示。

步骤 14 选中"轻松满足需求"至"食谱丰富，超营养"中间的文本，单击样式区的"正文"选项，在打开的列表中选择"边框内容"选项，为其应用ID为"107278"的样式，如图8-30所示。

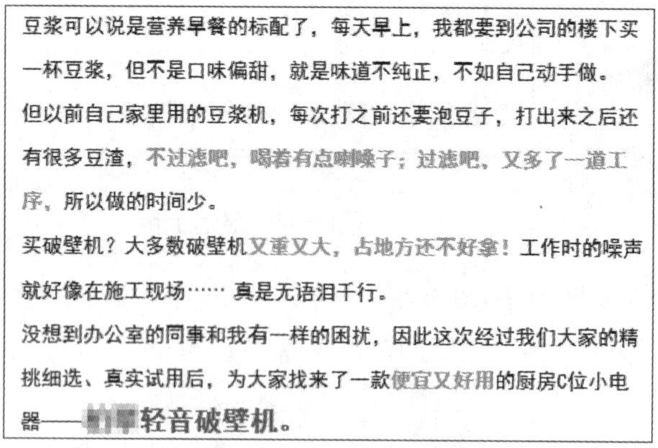

图8-29 字体格式应用

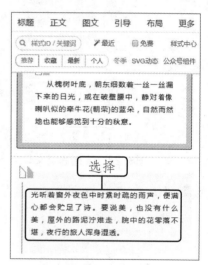

图8-30 应用样式

步骤 15 选中"豆浆机的所有期望。"下的4段文本，在文本工具栏中设置字体为"黑体"。单击"无序列表"按钮 ，在打开的列表中选择"小黑点"选项，如图8-31所示。

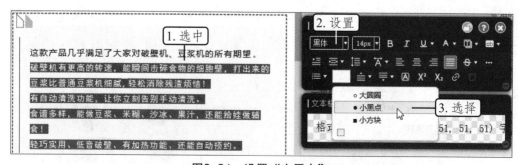

图8-31 设置"小黑点"

步骤 16 选择第一段文字，双击"格式刷"按钮，为没有应用样式的段落设置相同的字体格式。

步骤 17 在"安全有保障。"文本下方插入"3.jpg""4.jpg"素材文件，在"一键选择"文字下方插入"13.jpg"素材文件，如图8-32所示。按前面的步骤为其中的部分文字设置字体格式，效果如图8-33所示。

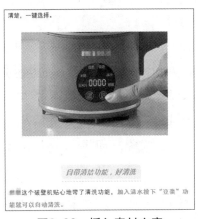

图8-32　插入素材文案

图8-33　设置字体格式

步骤 18 为正文最后两个段落应用"107298"的样式，并删除样式自带的不必要的内容。设置"原价需要399元，今明两天只需要299元，""2021年11月26日00：00""送出价值99元的蒸蛋器一台！""2021年11月30日18：00"的字体格式为"黑体，15xp，#d82821，加粗"，其中"399""299""99"的字号调至"20px"。设置"赶紧趁着优惠直接带走！"的字体格式为"#4f81bd，加粗"，效果如图8-34所示。

步骤 19 单击135编辑器编辑区页面右侧"手机预览"按钮，即可预览已排版完成的图文，如图8-35所示。可发现并排的图片在手机上并不能并排显示，需进行调整。

图8-34　应用样式并设置字体格式

图8-35　预览效果

步骤 20 单击"关闭"按钮 关闭×，重新回到编辑页面，放大这四张图片，再次单击"手机预览"按钮，确认无误后，单击"关闭"按钮 关闭×。

步骤 21 单击编辑区页面右侧的"保存同步"按钮 保存同步，打开"保存图文"对话框，在"图文标题"文本框中输入"超级推荐的破壁豆浆机，好用又平价，今天买超实惠！"，在"图文摘要"文本框中输入"出汁细腻、超级好用的豆浆机，值得入手！"。

步骤 22 在"封面图片"文本框下方单击"上传封面图"按钮 上传封面图，打开"打开"对话框，选择"1.jpg"素材文件，单击"打开"按钮 打开(O)，打开"裁剪图片"对话框，选择图片比例为1∶1，拖曳鼠标指针裁剪图片，完成后单击"保存/上传"按钮 保存/上传，上传图片。返回"保存图文"对话框，单击选中"开启留言"复选框，单击"保存文章"按钮 保存文章，即可保存该图文，如图8-36所示。

步骤 23 单击编辑区页面右侧"生成长图"按钮 生成长图，在打开的"图文生成图片须知"对话框中，单击"生成长图"按钮 生成长图，在打开的"生成长图/PDF"对话框中设置输出的格式，单击"导出"按钮 导出 后，即可将图文生成长图并下载到计算机中（配套资源:\效果文件\项目八\图文排版）。部分效果如图8-37所示。

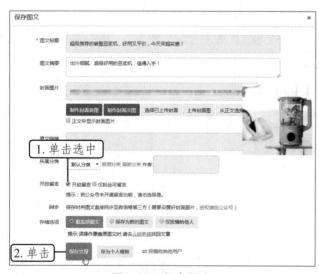

图8-36 保存图文

图8-37 最终效果展示

同步实训 撰写不同类型的微信朋友圈文案

💡 实训背景

为了将店铺的客户进一步进行品牌与产品的营销，云洱运营团队将通过微信将淘宝的流量转为私域流量，利用微信公众号维系客户关系。公众号需要定期发布一些产品和品牌的信息、促销、优惠及茶知识，达到塑造企业形象、增加粉丝黏度，促进老客户销售的目的。

📋 实训描述

本实训要求同学们结合微信朋友圈的特点，规划该品牌的微信朋友圈文案范围，并设计两条常见类型的微信朋友圈文案。

🔧 操作指南

回顾本项目所学知识并按照如下步骤进行实训。

步骤 01 规划朋友圈内的文案类型，请选择适合该产品的微信朋友圈文案类型。
请单击选中适合发布在云洱普洱茶朋友圈的内容。

□知识分享　　□企业事件　　□促销信息　　□优惠券领取　　□转发有奖

□直播预告　　□风景　　　　□音乐分享　　□正能量句子　　□团队精神

□品牌故事　　□家人照片　　□行业新闻

步骤 02 设计一条结合国庆促销事件的文案，并配图，如图8-38所示。

例：中秋、国庆双节同庆，请查收来自云南洱海旁的优质普洱，云洱新品上市，原价1899元，现价699元，更有第二件半价优惠！力度之大，前所未有！

请写下你设计的朋友圈文案：_____

_____

_____

步骤 03 设计一条知识分享型朋友圈文案，并配图，如图8-39所示。

例：一饼普洱茶能喝多久？按照每次投茶量5～7克计算，每饼大概能泡50次。按照各人对茶汤的浓淡

图8-38 云洱国庆促销朋友圈配图

需求不同，每饼云洱可以冲泡十几道。

图8-39　云洱国庆促销朋友圈配图

请写下你设计的朋友圈文案：＿＿＿＿＿＿＿＿＿＿＿＿＿＿＿＿

＿＿＿＿＿＿＿＿＿＿＿＿＿＿＿＿＿＿＿＿＿＿＿＿＿＿＿＿＿＿

＿＿＿＿＿＿＿＿＿＿＿＿＿＿＿＿＿＿＿＿＿＿＿＿＿＿＿＿＿＿

步骤 04 将撰写的文案与文案配图发布在朋友圈中，发布参考效果如图8-40所示。

图8-40　云洱国庆促销朋友圈发布效果图

成果展示

请同学们将朋友圈文案的发布效果图展示在下方。

实训评价

同学们完成实训操作后，提交实训报告，老师根据实训报告内容，按表8-2所示的内容进行打分。

表8-2　实训评价

序号	评分内容	总分	教师打分	教师点评
1	能根据品牌与产品的推广目的规划朋友圈文案内容	20		
2	能寻找相关的朋友圈文案并制作成朋友圈素材	30		
3	能遵守广告法撰写适合的朋友圈内容	20		
4	朋友圈的文案表达清楚，配图清晰，不失真	20		
5	朋友圈文案类型较丰富，能吸引用户点赞	10		

总分：＿＿＿＿＿＿

项目总结

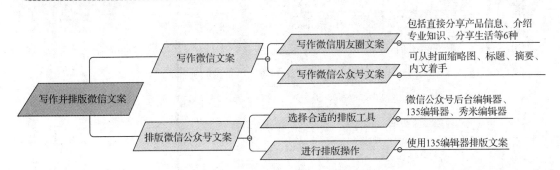

项目九

写作短视频与直播文案

情境创设

小艾之前服务的B品牌客户有了新的要求。客户认为品牌网店现在的发展远不及预期，而同类型的网店早就已经通过直播、短视频等积累了更多的粉丝，月销量也有一定的提升，于是要求老李拓展营销渠道，通过定期直播和发布短视频等方式为网店进一步引流和促销。小艾被安排写作短视频和直播文案，协助老李工作。

老李："短视频和直播是现在互联网娱乐领域的重头戏，公司下一步将根据B品牌的要求为其在抖音、小红书等同步建立账号。"

小艾："之后我们将增加视频方面的制作吗？"

老李："不仅如此，之后还可能在抖音进行直播卖货等。小艾，你需要配合我撰写短视频和直播文案。"

小艾："好的。"

学习目标

📄 **知识目标**

1. 了解写作短视频文案的流程。
2. 掌握短视频脚本的撰写方法。
3. 了解直播预告文案的写法。
4. 了解直播脚本的设计方法。

📄 **技能目标**

1. 能够写作短视频脚本。
2. 能够写作整场直播脚本。
3. 能够写作单品直播脚本。

📄 **素质目标**

尊重他人知识劳动成果，做到不私自挪用、不违规使用。

任务一 写作短视频文案

任务描述

老李告诉小艾，抖音拥有很多用户，可以先在上面发布一条短视频。很快，与 B 品牌网店有关的抖音账号注册完毕，小艾将分三步完成自己短视频文案的写作。

任务实施

👤活动1 确定短视频选题

短视频内容、主题多样，要想制作短视频，就要确定内容方向，所以小艾要先确定短视频选题。

短视频选题与账号定位有较大的关系，例如，主打运动服装的网店，账号可以定位为运动类，选题可以是健身穿搭、健康知识、健身方法等。表 9-1 所示为短视频平台主流的账号与选题类型。制作短视频前，创作者可以以此为参照，根据账号定位选择合适的选题类型。

表9-1　短视频账号与选题类型

账号类型	选题类型
剧情类	情景短剧、连续剧、访谈等
情感类	情感短文、情感故事、人生道理
美食类	美食的制作、试吃和菜品展示等
时尚类	时尚穿搭、美妆教程等
推荐好物类	服装类、鞋类、饰品类、灯具类、手机壳类、植物类等
影视娱乐类	各种影视剧和综艺节目等
宠物类	宠物的日常生活、习性介绍、人宠互动、饲养技巧等
才艺类	歌唱表演、音乐制作、舞蹈教学、舞蹈展示等
萌娃类	儿童日常生活趣事
生活类	生活探店、生活小技巧、民间活动等
运动类	健身穿搭、健康常识、健身饮食、健身操等
旅行类	旅行故事、旅行攻略、旅行注意事项、旅行日志等
动漫类	手工制作、动漫分享、特效制作和角色扮演等
母婴育儿类	母婴用品推荐、育儿知识等
教育类	笔记整理方法、阅读技巧、学习类博主推荐、艺术培训、语言和专业技术教育等
职场类	职场知识和技能培训、职场故事、经典案例分析等
汽车类	汽车选购，汽车检测、维修改装和外观展示等
科技类	以科技展示为主，包括普及科学知识和展示先进科技等
摄影教学类	摄影摄像教学、美图展示、剪辑教学等

👤 活动2　确定短视频创作内容

确认选题之后，小艾将根据选题来搭建具体内容。小艾需要确定与选题相符的内容风格，并确定内容形式。

1. 确定内容风格

同样的选题会有不同的内容展现风格。比较流行且受到受众喜爱的短视频内容风格如表9-2所示。

表9-2 短视频内容风格

风格类型	风格介绍
图文拼接	以图片和文字为主，辅以音乐，这类视频较为简单，多采用平台提供的模板，自己添加照片和文字制作而成
脱口秀	以讲坛形式向用户讲解各种知识或传递正能量，并提供十分有价值的内容，可以吸引受众的关注和转发，提高播放量
故事	故事风格的短视频主要是讲和演故事，利用受众对故事发展的好奇心理吸引受众观看
反差	这是现在比较流行的短视频内容风格，一般是在前半部分呈现普通甚至难看的形象，后期展示精致时尚的形象，利用前后的对比，让受众感到惊奇或受吸引
模仿	通过模仿其他流行的短视频来制作自己的内容，一般不需要自己创作脚本，是对被模仿视频的照搬或改进的效果展示
宣传片	展示企业实力和调性，充满人文色彩
Vlog	记录日常生活，例如，上班的过程、一日经历、旅行见闻等。通常需要拍摄多个视频，剪辑成一个连贯的、有头有尾的、有主题的视频
心灵鸡汤	情感类主题常采用这种视频风格，一般讲述一些人生道理，激励、安慰受众等

2. 确定内容形式

确定内容形式指确定短视频将以何种形式拍摄和制作，并呈现在受众面前。根据短视频制作方式和出镜主体的不同，短视频的内容形式主要分为以下几种。

（1）真人为主。真人为主的短视频内容形式是目前短视频的主流形式，大多数粉丝数量超过千万的短视频账号的内容形式都是以真人为主的。人像具有较高的辨识度，真人出镜的短视频获得较高关注度后，主角本身知名度也会上升，获得一定影响力与商业价值。

专家点拨

以真人为主为内容形式需要考虑签约成熟"达人"还是培养潜力"达人"。如果创作者自己作为主角，这对其本身的表演、表达能力和拍摄能力也有一定考验。

（2）声音和肢体为主。这类短视频主要以部分面部器官、手部以及声音来输出内容，（几乎）不将脸完全显露在镜头前，例如，只露出嘴部的美食试吃短视频、以展示各种声音为主的短视频、配音短视频等。

（3）虚拟形象为主。虚拟形象为主的短视频通常是二维动画，需要由专业的人员进行虚拟形象设计，人力成本和时间成本较高。不过，这种虚拟形象一般具有标志性，如果形象出色，很容易受到受众的喜爱，具有一定的发展潜力。

（4）宠物为主。宠物为主的短视频的主角是动物，一般需要通过旁白、字幕或特定的表情抓拍等手段赋予动物"人的属性"。由于动物具有不可控性，因此这类短视频往往需要创作者多花时间拍摄积累素材。

（5）影视剪辑为主。该类短视频往往以各种影视剧、综艺节目等为素材，截取精华看点或情节编制而成。因为素材广泛，剪辑成本较低，视频时长较短，因此，创作者可以连续、高频率地创作视频内容，并且创作出的内容具有较大的传播优势。

> ✍ **素质提升小课堂**
>
> 　　未经授权擅自挪用他人版权视频进行二次加工并获得商业利益的行为属于侵权行为。如果要制作影视剪辑内容为主的短视频，创作者需要获得原版权方授权，若没有获得授权，则制作的短视频不能用于获取商业利益。

👤 活动3　撰写短视频脚本

在确定短视频选题和内容后，小艾将撰写短视频脚本。老李告诉她，短视频脚本通常要结合拍摄方案和短视频内容细节等，建议小艾先做好这方面的准备，再根据短视频内容撰写相应的脚本。

1. 做好脚本写作准备

短视频脚本的实现通常与构思拍摄方案、搭建内容框架、填充内容细节等相关。创作者在撰写文案前，需要做好这些方面的准备。

（1）构思拍摄方案。

拍摄短视频时会涉及拍摄时间、拍摄地点、运镜手法、机位、景别等内容，这需要创作者提前了解、确定，其中的运镜手法、机位、景别等重点部分内容可以融入脚本。

①拍摄时间。确定拍摄时间有利于落实拍摄方案，做好与摄像的前期沟通，从而提高工作效率。

②拍摄地点。不同的拍摄地点对布光、演员和服装等的要求不同，确定拍摄地方有利于充实短视频内容框架和细节，这也将影响最终的成片质量。

③运镜手法。常见的镜头运动的方式包括固定镜头和推、拉、摇、移等运

动镜头，其拍法和特点（优点）如表9-3所示。

表 9-3 运镜手法介绍

运动方式		拍法	特点（优点）
固定镜头		机身固定不动，没有任何运动	受众会有一种驻足观看的体验
运动镜头	推	被拍摄的物体不动，向前匀速推镜头，取景范围由大变小	通过简单的运动轨迹突出视频的主体和希望展现的物体细节，可以很好地渲染气氛、烘托故事情绪，给受众以代入感，给画面以节奏感
	拉	匀速向远拉镜头，取景范围由小变大	摄像机逐渐远离被拍摄主体，可以给受众带来开阔的观感
	摇	机位不动，以机位为轴心，匀速旋转镜头	在开阔的场景中，无法通过广角镜头拍摄画面中所有人物或景物时，可用摇镜头来拍摄场景内的多个被拍摄主体
	移	沿水平方向移动镜头，可通过稳定器等工具沿水平方向拍摄主体运动画面	可以让拍摄画面显得更长、更宽，给受众带来纵深感

④机位。机位包括正面、侧面、高机位、低机位等，不同的机位有不同的展现的效果。在脚本创作时，创作者可以根据自己想达到的拍摄效果选择每个镜头具体的运镜手法以及机位，并在实际拍摄过程中进行调整。

⑤景别。镜头景别一般分为远景、全景、中景、近景和特写5种，不同的景别可以表现不同的人物特征以及情绪等。创作者可以根据故事整体脉络以及矛盾冲突点来设置景别，例如，主角受到巨大打击，可用面部表情或手部动作特写表现人物的心理变化。

拓展阅读

景别介绍

（2）搭建内容框架。

搭建内容框架指确定内容细节以及表现方式，包括人物、场景、事件以及转折点等，并对此做出详细的规划。创作者搭建内容框架时需注意图9-1所示的要素，并将其记录到脚本中。

（3）填充内容细节。

台词、道具、影调等细节的巧妙安排，可以让短视频内容更加细致，加强受众代入感，帮助调动受众情绪，增强视频的感染力。这些内容可选择性地体现在脚本中。

图9-1 搭建内容框架需要注意的要素

①台词。台词是为镜头表达准备的，既可以是人物的对白，也可以是旁白或标注的文字，主要起到解释说明、助推剧情等作用。创作者应该根据不同的场景和镜头设置合适的台词。

②道具。运用得当的道具可以优化短视频的呈现效果。例如，在怀旧主题短视频中使用具有年代感的黑白电视、搪瓷盆、具有年代特色的挂历等，可以将受众带入塑造的情景之中，引起受众的共鸣，如图9-2所示。

③影调。影调指画面的明暗层次、虚实对比和色彩对比等之间的关系。影调要与短视频的主题相契合，创作者应根据短视频的主题、内容类型、事件、人物和风格等来综合确定影调。

2. 写作短视频脚本

现在的短视频脚本主要是分镜头脚本，通常是以文字的形式直接表现不同镜头的短视频画

图9-2 怀旧主题短视频

面。短视频脚本主要分为图文集合和纯文字两种类型，其中，图文集合是专业人士常用的分镜头脚本，很多影视剧在拍摄前都会由专业的分镜师甚至导演本人来绘制和撰写分镜头脚本。

（1）图文集合的分镜头脚本。这类分镜头脚本写作难度较高，主要包括

镜号、景别、画面、内容和对话等，其中，"画面"是指分镜头图画，一般是基于 16∶9 的矩形框绘图，"内容"则是对画面的描述以及补充说明，如表 9-4 所示。

表 9-4　图文集合的分镜头脚本示例

镜号	景别	画面	内容	对话
1	中景		男主角从房间探出头来，想要观察女主角	
2	全景		客厅空无一人	
……	……	……	……	……

（2）纯文字的分镜头脚本。这类脚本主要以文字来描述整个短视频的内容，以供拍摄和后期剪辑参照。表 9-5 所示为某搞笑短视频的纯文字的分镜头脚本示例。

表 9-5　纯文字的分镜头脚本示例

镜号	景别	拍摄方式	画面内容	台词	音效	时间
1	中景	固定镜头，正面拍摄	男主角从房间悄悄探出头，观察四周		表现紧张的音效，如 007 系列电影的配乐	5s
2	全景	移动镜头	客厅空荡荡，女主角在阳台做瑜伽		女主角锻炼时发出的声音	3s
3	中景	固定镜头，侧面拍摄	男主角偷偷溜进厨房		表现紧张的音效，如 007 系列电影的配乐	3s
4	特写	固定镜头	男主角打开热水壶，拿起瓶盖			3s
5	特写	固定镜头	女主角伸手抢过热水壶的瓶盖		表现突然的音效	2s
6	特写	固定镜头，正面拍摄	女主角一脸兴奋的表情	女主角：终于抓住你了，藏私房钱，哼		3s

续表

镜号	景别	拍摄方式	画面内容	台词	音效	时间
7	中景	固定镜头，侧面拍摄	女主角从瓶盖中拿出 20 元			3s
8	特写	固定镜头，正面拍摄	男主角一脸羞愤		表现凄凉的音效	2s
9	中景转特写	推镜头，正面拍摄	女主角转身离开，男主角倒水，水壶底座上还粘有 100 元	男主角：老婆，我错了，我给你倒水喝	反转音效	5s

✎ 动手做

写作短视频脚本

1. 打开小红书，搜索"受伤的天鹅与她的红丝绒"短视频。
2. 查看该视频，试着根据短视频的内容撰写短视频脚本。

任务二　写作直播文案

任务描述

除了短视频以外，B 品牌还将以直播的形式促进产品销售。小艾将根据直播撰写相应的直播文案，包括直播预告文案和直播脚本等。

任务实施

👤 活动1　制作直播预告文案

为了引起关注，吸引更多受众来观看直播，小艾要先制作直播预告文案，对直播内容进行简单描述与介绍，让受众提前了解直播内容。小艾分析直播视频发现，直播预告文案主要包括标题和内容简介。

1. 标题

直播预告文案的标题通常简洁明了，一般用来展现产品的核心卖点或具体的内容亮点，触及受众的痛点。其目的是第一时间让受众对直播内容感兴趣。

图 9-3 所示为在淘宝中发布的直播预告文案标题。

图9-3　淘宝直播预告文案标题

2. 内容简介

内容简介是对直播预告文案标题的解释或对直播内容的概括，内容简单、不拖沓，可以与直播嘉宾、粉丝福利（价格优惠等）、特色场景、主播介绍、主打产品故事等有关，要从能够吸引受众的角度进行写作。直播内容简介如图 9-4 所示。

图9-4　直播内容简介

> 🧑‍💼 **专家点拨**
>
> 有些内容简介以视频预告的方式呈现，例如，化妆小视频、产品使用视频等，要尽量突出重点信息。

👤活动2　设计直播脚本

为了适应接下来直播活动的需要，小艾还需要撰写直播脚本。直播脚本是对整个直播过程的安排，包括在直播时做什么事、说什么话、推出什么产品、什么时间安排活动、活动的力度等。直播脚本包括整场直播脚本和单品直播脚本，这两种写法都需要小艾掌握。

1. 整场直播脚本

整场直播脚本以单场直播为单位，对整个直播过程进行规划，通常是对直播流程和内容的细致说明。

整场直播脚本包括直播时间、直播主题、产品数量、预告文案，以及不同时间段主播与助理等人员的分工等，内容详尽。表9-6所示为整场直播脚本示例。

表9-6　整场直播脚本示例

直播活动概述	
直播时间	2021-05-26，20:00—22:00
直播地点	×× 直播室
直播主题	×× 品牌女装上新促销
产品数量	10
主播介绍	××，品牌主理人
预告文案	秋季女装上新，独一无二的精心搭配！锁定 ×× 直播间，5 月 26 日 20 点不见不散哟

直播流程				
时间段	流程规划	人员分工		
		主播	助理	场控 / 客服
15:00—15:10	开场预热	自我介绍，与先进入直播间的受众打招呼，介绍抽奖活动详情，吸引受众观看参与。参考话术：大家注意了！今天的奖品超级丰厚！要是我没直播，我真的好想参与	演示直播截屏抽奖的方法，回答受众的问题	向各平台分享开播链接，收集中奖信息
15:10—15:20	活动剧透	简单介绍本场直播所有产品，说明直播间优惠力度，介绍完可简单回答问题，并引导关注。参考话术：大家待在直播间千万不要走开！点赞满 ×××，关注满 ××× 抽奖，如果还没有关注直播间的赶紧关注一下。我们每次直播都会有抽奖活动，只有关注了才能领奖哦	产品配套展示，补充主播遗漏的内容	向各平台推送直播活动信息

续表

直播流程				
时间段	流程规划	人员分工		
		主播	助理	场控/客服
15:20—15:25	产品推荐	讲解、试穿第一款产品，全方位展示产品外观，详细介绍产品特点，回复受众问题，引导受众下单	配合主播完成互动，协助主播回复问题	发布链接，回复订单咨询，收集在线人数和转化数据
15:25—15:30	产品推荐	讲解、试穿第二款产品	同上	同上
15:30—15:35	红包活动	与众户互动，发送红包	提示该活动时间，介绍红包活动规则	发送红包，收集互动信息
15:35—15:40	产品推荐	讲解、试穿第三款产品	配合主播完成互动，协助主播回复问题	发布链接，回复订单咨询，收集在线人数和转化数据
15:40—15:45	产品推荐	讲解、试穿第四款产品	同上	同上
15:45—15:50	福利赠送	点赞满×××，开展抽奖活动，中奖者获得新衣一件	提示福利赠送时间，介绍抽奖规则	收集中奖信息，与中奖者取得联系
15:50—16:00	产品推荐	重点讲解、试穿第五款产品	配合主播完成互动，协助主播回复问题	发布链接，回复订单咨询，收集在线人数和转化数据
16:00—16:05	产品推荐	讲解、试穿第六款产品	同上	同上
16:05—16:10	产品推荐	讲解、试穿第七款产品	同上	同上
16:10—16:15	福利赠送	点赞满×××进行抽奖，中奖者获得新衣一件	提示福利赠送时间，介绍抽奖规则	收集中奖信息，与中奖者取得联系
16:15—16:20	产品推荐	讲解、试穿第八款产品	配合主播完成互动，协助主播回复问题	发布链接，回复订单咨询，收集在线人数和转化数据

直播流程				
时间段	流程规划	人员分工		
		主播	助理	场控/客服
16:20—16:25	产品推荐	讲解、试穿第九款产品	同上	同上
16:25—16:30	产品推荐	讲解、试穿第十款产品	同上	同上
16:30—16:35	红包活动	与受众互动，发送红包	提示发送红包时间，介绍红包活动规则	发送红包，收集互动信息
16:35—16:50	产品返场	返场讲解呼声较高的产品	协助场控向主播提示返场产品，协助主播回复问题	根据每款产品在线人数和点击转化数据的收集、分析，向助理与主播提示返场产品，回复订单咨询
16:50—17:00	直播尾声	预告第二天的直播新品，回顾直播中的几款未卖完的主推产品，再次引导关注直播间	配合主播的节奏，协助主播引导受众关注直播间	回复订单咨询

专家点拨

整场直播通常有一定规律，首先是开播后开场预热，引导受众关注；然后是活动预热，简单介绍所有产品并重点推荐潜在"爆款"产品；接着逐一讲解产品，中途可设置互动环节，例如，点赞满×××发送第一次福利，点赞满×××发送第二次福利，整点截屏抽奖等，穿插部分返场讲解；最后回顾几款主推产品，吸引受众下单，若第二天还有直播，还可以预告明日福利，视具体情况而定。一般直播流程越详细，越利于主播把控直播节奏，使直播更顺畅。

2. 单品直播脚本

单品直播脚本，是针对某款单品的解说，对应整场直播脚本的"产品推荐"部分。单品直播脚本应围绕该单品的详细信息和卖点等解说，如表9-7所示。

表 9-7 单品直播脚本

直播脚本要素	具体内容
产品编号	1
产品名称	××（品牌名）2021 年秋装女新款宽松圆领套头灰色卫衣
零售价	388 元
直播到手价	89 元
产品卖点	（1）小图形设计，彰显个性 （2）宽松型卫衣，不显胖 （3）偏短款，搭配裤子显腿长
产品利益点	（1）只有本直播间有这个价格，站外都没有这个价格 （2）满两件减 90 元

在产品的解说过程中应配合实物对应展示，并注意与受众实时互动。

同步实训 设计一场直播活动并通过短视频预告

💡 实训背景

云洱项目负责人在开展了一系列的营销活动之后，积累了一定数量的粉丝，然而相比同行，云洱的粉丝数量还有一定的差距。在"11·11"到来之际，云洱决定设计一场直播活动，这次的活动细则是"老带新、折上折"的优惠力度，原价 1099 元，现在老带新活动双方都只需要 549 元就能购买云洱礼盒，活动旨在吸引新客户进店的同时，也激活老客户购买。因此，相关人员需要在设计一场直播活动的同时，通过短视频文案发布直播预告。

📋 实训描述

本实训要求同学们根据云洱产品，设计直播脚本与短视频文案。

🔧 操作指南

回顾本项目所学知识并按照如下的步骤进行实训。

步骤 01 确定直播脚本，请根据直播的产品信息、优惠细则，将单品直播脚本的相关要素填写在表9-8中。

表9-8　云洱礼盒装直播脚本要素

直播脚本要素	具体内容
产品编号	403
产品名称	云洱普洱茶饼礼盒装
零售价	1099 元
直播到手价	549 元
产品卖点	
产品利益点	

步骤 02 规划直播流程，对整个直播过程进行规划，将直播流程内的细致说明填写在表9-9中。

表9-9　直播流程规划表

直播活动概述			
直播时间	2022 年 1 月 21 日，20:00—21:00		
直播地点			
直播主题	11·11，折上折		
产品数量	100 套		
主播介绍			
预告文案			
直播流程			
时间段	流程规划	人员分工	
		主播讲解	助理工作	场控 / 客服
20:00-20:05	开场预热			
20:05-20:10	发放红包			
20:10-20:20	产品介绍			
20:20-20:40	产品抢购			
20:40-20:55	福利赠送			
20:55-21:00	直播尾声			

步骤 03 设计直播的预告短视频脚本文案，并设计短视频的内容，将设计的内容填写在表9-10中。

表 9-10　云洱直播预告短视频脚本文案设计表

镜号	视频来源	画面内容	台词	音效	时间
1	拍摄	产品出场			
2	广告视频	生长环境			
3	广告视频	销售信息			
4	移动镜头	直播准备			
5	移动镜头	主播打招呼			
6	制作图片	预告直播时间			

成果展示

请同学们将自己设计的直播脚本与预告短视频脚本文案展示在下方。

实训评价

同学们完成实训操作后,提交实训报告,老师根据实训报告内容,按表 9-11 所示的内容进行打分。

表 9-11　实训评价

序号	评分内容	总分	教师打分	教师点评
1	能知晓直播的工作流程与人员分工	10		
2	能根据直播工作流程安排好相关的人员和工作	10		
3	能设计一个简单的直播脚本	40		
4	能收集到制作短视频的素材	10		
5	能设计一个短视频的脚本文案并完成制作	30		

总分：_____

项目总结

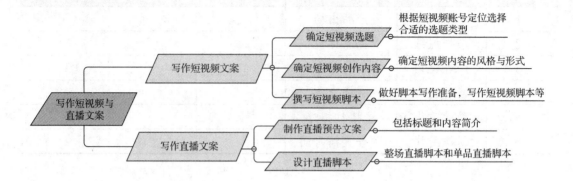

写作短视频与直播文案
- 写作短视频文案
  - 确定短视频选题 —— 根据短视频账号定位选择合适的选题类型
  - 确定短视频创作内容 —— 确定短视频内容的风格与形式
  - 撰写短视频脚本 —— 做好脚本写作准备，写作短视频脚本等
- 写作直播文案
  - 制作直播预告文案 —— 包括标题和内容简介
  - 设计直播脚本 —— 整场直播脚本和单品直播脚本

项目十

写作今日头条文案

情境创设

　　随着移动互联网的普及，许多人的阅读平台开始向更碎片化的自媒体资讯平台转移，而今日头条就是其中的佼佼者。作为受众量大、用户活跃程度高的大型内容聚合和展示平台，今日头条自然也是特讯运营发布文案的重要平台之一。随着特讯运营广告业务的拓展，公司打算更改其中流量较低的一个头条号的定位为产品分享推广，并将该头条号文案的写作工作转交给老李和小艾。

　　小艾："今日头条文案的写作和微信公众号文案的写作相同吗？"

　　老李："虽然都是长文案，但仍有所区别。今日头条的智能搜索引擎会根据受众的偏好进行个性化推荐。所以我们在写作时要着重注意关键词，利用今日头条的推荐机制提高文案被推送给受众的概率。"

学习目标

知识目标

1. 了解如何选择和优化关键词。
2. 了解植入关键词的方法。
3. 了解信息流推荐机制。
4. 掌握优化和发布文案的方法。

技能目标

1. 能够了解今日头条关键词提取原则。
2. 能够优化和发布今日头条文案。

素质目标

掌握今日头条的内容审核规则，发布合规的原创文案。

任务一　挖掘文案关键词

任务描述

小艾正在写一篇有关水乳产品的推荐文案，她发现今日头条的推荐系统是通过抓取文案关键词，为文案贴上相应标签，从而实现对受众的个性化推荐的。为了使文案得到精准推荐，小艾先根据选题挖掘文案关键词，然后围绕关键词写作。

任务实施

活动1　选择关键词

为了让自己的头条号文案更容易被搜索和推荐，小艾需要了解今日头条推荐算法的关键词提取原则，同时掌握选择关键词的方法。

知识窗

关键词指包含关键信息的词语。在互联网时代，文案中的关键词通常指使内容能够被搜索引擎搜索到的词语。

知识窗

1. 了解今日头条关键词提取原则

今日头条抓取的关键词通常是高频词和出现次数少的词，如表 10-1 所示。这意味着创作者需要有意识地提取关键词，并设置关键词频率。

表 10-1 今日头条关键词判定

选择对象	具体说明
高频词	在文案中出现频率较高的词，会被看作文案的内容标签。例如，水乳产品的相关推文中，"水乳""保湿""补水"等词出现频率高，就会被系统判定为关键词
出现次数少的词	次数少针对的是一类文案，而非一篇文案。这类词代表系统对文案的识别标志，出现次数少，因而更易被系统从众多内容中识别出，并认定为关键词

2. 选取关键词

创作者可以从产品、受众和热词等不同的角度选择今日头条文案的关键词。

（1）从产品角度。今日头条是以流量为主的站点，因此创作者可以选择使用范围较广的关键词，这种词具备较大的竞争力，会带来一定的流量，如"汽车""房地产""酒店""旅游"等。但这样会削弱精准度，所以建议根据业务或产品选取具体的类目、名称等实词，以带来更精准的流量，如"面霜""隐性眼镜""雪地靴""小香风""时尚""甜酷"等。

（2）从受众角度。从受众角度来说，创作者需要考虑受众的需求和疑问，即受众在搜索或了解文案相关内容时，会搜索哪些关键词，越精准越好。例如，写作推广面条的文案，"番茄鸡蛋面"这一关键词比"面条"更精准。

（3）从热词角度。将一些网络上流行的词汇、短句，如"种草""安利"等紧跟时尚潮流的词嵌入标题中可以激发受众的新鲜感，让受众觉得亲切，吸引受众点击阅读和观看。因此，这类词也可以作为文案关键词。

👤 活动2 优化关键词

小艾了解到，选择关键词后，可以通过拓展关键词挖掘更多适合该文案的关键词，实现关键词的优化。下一步，她打算通过搜索下拉框、关键词挖掘工具、关键词组合等优化关键词。

1. 搜索下拉框

在搜索引擎搜索文本框中输入关键词后，可以从下拉列表中拓展出其他相关关键词。图10-1所示为在今日头条和百度搜索"摄影教学新手"后出现的相关关键词。

图10-1　搜索下拉框拓展关键词

👩‍🏫 **专家点拨**

此外，在搜索引擎中输入关键词并按【Enter】键后，从该搜索引擎页面下方也能获取一些衍生关键词，这些词也可以作为备选关键词。图10-2所示为在百度搜索"眼霜"后，页面下方出现的衍生关键词。

图10-2　页面下方的衍生关键词

2. 关键词挖掘工具

站长工具、5118、百度指数等网站可供创作者寻找热门关键词，布局长尾关键词（与关键词相关的可带来搜索流量的组合型关键词，一般由两三个词组成）。以百度指数为例，登录百度账号，在主页输入关键词后按【Enter】键，再单击选中"需求图谱"单选项，便可查看最近与插入关键词有关的搜索关键词，将这些词适当地插入文案，可提高文案的曝光率。图10-3所示为在百度指数中搜索"面霜"的结果。

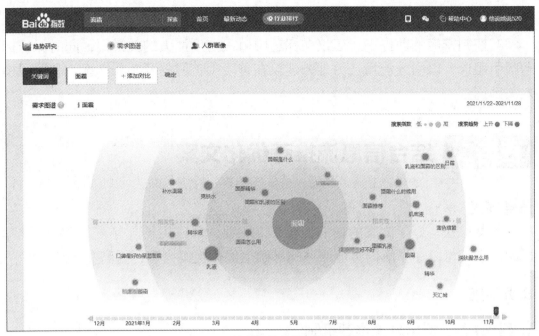

图10-3 百度指数关键词搜索结果

3. 关键词组合

创作者还可以将关键词与其他词组合，以拓展优化关键词。关键词组合方式多样，可灵活选择。

（1）地域＋关键词。如成都笔记本电脑批发。

（2）关键词＋盈利模式。如四件套批发。

（3）产品特性＋关键词。如超薄笔记本电脑。

（4）应用场景＋关键词。如办公室植物。

（5）品牌＋关键词。如花西子散粉。

（6）关键词＋表示疑问的前后缀。如眼霜怎么选。

活动3 植入关键词

通过以上步骤，小艾得到了一些非常有效的关键词，接下来她将在文案中植入关键词。

1. 控制关键词的密度

关键词的密度指关键词在文案中出现的次数与全篇文案字数的比例。一般关键词出现的频率越高，关键词密度就越大。一般建议将关键词密度控制在2%～8%。

2. 布局关键词

在控制密度的前提下，建议在标题中植入密度最大的关键词，同时保证标题吸引眼球，以引入流量。另外，建议在首段（首段的开头和结尾）和尾段植入关键词。

任务二　结合信息流推荐优化文案

任务描述

小艾很快写好了文案的初稿，老李提醒她，今日头条自有一套独特的推荐机制，小艾可以在了解信息流原理的基础上优化文案内容，提高文案曝光率。

任务实施

👤 活动1　了解信息流推荐机制

小艾了解到，头条号作者发布的文案通常会以信息流的形式出现在受众手机上，但这种推荐机制是如何运作的呢？小艾非常好奇，她需要了解今日头条推荐机制的原理，寻找让自己的文案获得精准推广的办法。

了解信息流推荐机制之前，需要先了解什么是信息流。信息流是内容的集合，主要出现在"推荐"频道。受众可以根据自己的喜好对信息流做处理（点击文案下方的"×"按钮，在弹出的列表中选择相应选项即可），如图10-4所示，这将影响文案的推荐力度。

图10-4　信息流展示

实行信息流推荐机制的目的是从内容池中为受众匹配出感兴趣的文案。信息流推荐机制主要包括 3 个要素，受众、内容池以及受众对内容感兴趣的程度。信息流推荐机制如图 10-5 所示。

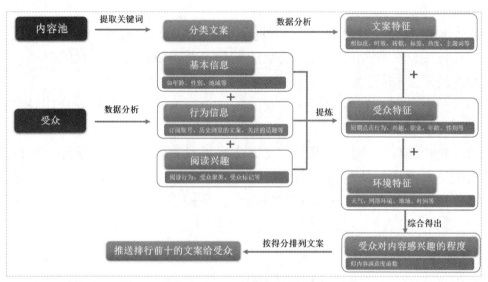

图10-5　信息流推荐机制

动手做

体验今日头条的信息流推荐机制

1. 下载最新版本的今日头条 App，打开并登录今日头条。

2. 浏览自己感兴趣的内容，对不感兴趣的，选择"屏蔽"或"不感兴趣"，体验今日头条的信息流推荐机制。

活动2　优化并发布文案

小艾发现在信息流推荐机制的作用下，发布目标受众感兴趣的内容尤为重要，她将以此来优化并发布文案。

1. 打造优秀内容

要想在今日头条中通过内容来吸引受众点击、引起受众的阅读兴趣，可以参考以下 5 点。

（1）避免重复。文案从标题到图片、文字应尽量为原创内容，避开标题写作套路。今日头条会对发布的文案使用机器消重算法，如果文案内容、标题、封面和主题与其他文案重合，就会被消重，文案被推荐的概率就会降低。

机器消重算法即将所有内容转换为数字代码，若与其他文案相似或相同，会根据双方差异得出消重结果，然后根据消重结果决定文案是否可以被推荐。

（2）刺激人心。每个受众心中都有一个敏感点，如亲情、友情等，只要文案能够抓住受众的敏感点、引发受众的共鸣，就可以拉近与受众的距离，从而影响受众的态度和行为。

（3）关联利益。利益始终是受众的关注点，文案内容若与受众切身利益相关，自然能获得关注。

（4）推广事件。创作者可以在文案中添加具有新闻价值的事件，借话题事件促进传播与推广，从而获得流量与转化。

（5）选取新颖角度。新颖而有趣的事往往能引发受众关注与分享，创作者可以策划具有新意的内容，借此促进文案的传播。

2. 发布文案

利用手机发布文案时，选择界面下方"我的"选项，再点击界面中间的"发布"按钮（＋发布），即可选择发布微头条、文章、问答、视频或直播，如图10-6所示。此处选择发布"文章"，完成正文的编辑后（编辑界面如图10-7所示），点击"下一步"按钮 下一步 ，开始为文案设置封面，这里选择"单图"选项（见图10-8），设置完成后点击界面下方的"发布"按钮 发布 即可发布文案。

图10-6　选择发布文案的类型

图10-7　编辑界面

图10-8　设置封面

通过今日头条审核的文案才能被发布出去，如果文案内容涉及违法、被举报抄袭、被认定为发布广告、营销、低俗、不真实，将扣除 10 ～ 50 的分值，创作者将面临禁言、关闭头条广告、封号等处罚。创作者需要主动了解今日头条相关审核规则，发布合规、原创文案。

同步实训 通过关键词优化信息流文案

💡 实训背景

　　随着云洱产品的营销渠道的打开，项目运营团队的负责人想要在今日头条、百度百家入驻进行品牌与产品的宣传，以期在大数据算法的信息流平台获得更多流量，就需要相关人员对每一次的宣传文案进行优化，符合信息流平台的特点，以便在流量分发机制下获得更多的文案曝光量和潜在用户。

📋 实训描述

　　本实训要求同学们使用关键词搜索工具进行关键词的寻找与扩展，并通过关键词优化文案标题及正文，使其符合信息流文案的标准与要求。

✂ 操作指南

　　回顾本项目所学知识并按照如下的步骤进行实训。

步骤 01 通读初始文案（素材\项目十\云洱普洱茶的头条文章.docx），提取出本文中出现多次的关键词，并通过理解或提取，提炼2～3个核心关键词，将核心关键词记录下来。

　　核心关键词：＿＿＿＿＿＿＿＿＿＿＿＿＿＿＿＿＿＿＿＿＿＿＿＿＿＿＿＿

＿＿＿＿＿＿＿＿＿＿＿＿＿＿＿＿＿＿＿＿＿＿＿＿＿＿＿＿＿＿＿＿＿＿＿＿

步骤 02 通过核心关键词扩展更多相关关键词。通过搜索引擎、热点词语、关键词挖掘工具、寻找与云洱普洱茶相关的产品、品牌、特点等关键词，并通过关键词的扩展方法完成表10-2所示的关键词表。

表 10-2 "云洱"普洱茶产品的关键词表

序号	核心关键词	热点或相关词	扩展优化关键词
1			
2			

步骤 03 优化文案标题，选择较热的关键词进行标题的优化，将优化后的标题记录下来。

　　原始标题：＿＿＿＿＿＿＿＿＿＿＿＿＿＿＿＿＿＿＿＿＿＿＿＿＿＿＿＿

　　优化后标题：＿＿＿＿＿＿＿＿＿＿＿＿＿＿＿＿＿＿＿＿＿＿＿＿＿＿＿＿

步骤 04 优化文案正文。通过布局关键词，注意控制关键词的密度，在完成文案优化之后，在关键词密度测试工具中完成密度的测评。

成果展示

请同学们在下面的空白部分展示自己优化后的文案，并将自己在实训过程中碰到的问题记录下来。

实训评价

同学们完成实训操作后，提交实训报告，老师根据实训报告内容，按表 10-3 所示的内容进行打分。

表 10-3　实训评价

序号	评分内容	总分	教师打分	教师点评
1	能正确识别文案的核心关键词	10		
2	能通过多种方法进行关键词扩展	30		
3	能较好地通过关键词优化文案标题	10		
4	能正确通过关键词优化信息流文案	40		
5	能控制关键词密度并进行关键词密度测评	10		

总分：＿＿＿＿＿＿

项目总结

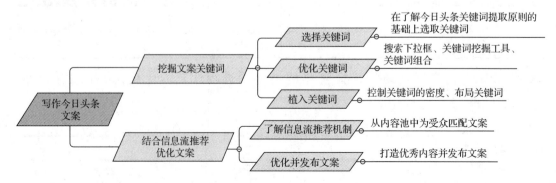